James A. Michener
John Kings
HAVANNA

Aus dem Amerikanischen von
Uta Benz-Lindenau

BASTEI
LÜBBE

BASTEI-LÜBBE-TASCHENBUCH
Band 60337

Von James A. Michener
ist außerdem bei BASTEI-LÜBBE lieferbar:
11810 – ALASKA

© by James A. Michener und John Kings
Titel der Originalausgabe: SIX DAYS IN HAVANA
Originalverlag: University of Texas Press, Austin
© 1990 für die deutschsprachige Ausgabe
by Ernst Kabel Verlag GmbH, Hamburg
Lizenzausgabe: Gustav Lübbe Verlag GmbH,
Bergisch Gladbach
Printed in Germany, Oktober 1992
Umschlaggestaltung: Roland Winkler
Satz: Kremerdruck GmbH, Lindlar
Druck und Bindung: Ebner Ulm
ISBN 3-404-60337-0

Inhalt

Auf dem Weg nach Havanna

Von John Kings

Als James Michener, mit dem ich zusammenarbeite, beschloß, sich einem Roman über die Karibik zuzuwenden, begann ich mit dem Sammeln von Hintergrundinformationen, die für ihn von Bedeutung sein könnten. Im Laufe der Jahre hatte er die meisten der Inseln besucht, viele von ihnen mehrmals, doch die wichtigsten französischen, Martinique und Guadeloupe, waren ihm unbekannt, und er war auch nicht auf Kuba und Jamaika gewesen. Ich kannte die französischen Inseln einigermaßen, die britischen überhaupt nicht, und auch ich hatte niemals Kuba oder Jamaika besucht. Nachdem Michener zum Recherchieren und Schreiben nach Miami umgezogen war, holte er das Versäumte rasch nach, nur war es ihm hier aus politischen Gründen noch nicht möglich gewesen, Kuba zu besuchen, die wohl bedeutendste der Karibischen Inseln, gewiß die größte und den Vereinigten Staaten am nächsten gelegene.

Vor meinem Kubabesuch, der zu diesem Buch führte, hatte ich nur sehr verschwommene Vorstellungen von der Insel und ihrer Hauptstadt Havanna. Als ich in London lebte, beschränkte sich meine Erfahrung mit dem fernen Kuba auf das gelegentliche Rauchen einer teuren *Romeo y Julieta*-Zigarre, und ich hatte Vergnügen an den Kino-Abenteuern von Alec Guinness in *Unser Mann in Havanna*, nach dem Roman von Graham Greene. So lehrreich diese Zerstreuungen in gewisser Hinsicht auch gewesen sein mögen, sie reichten kaum aus zu einer angemessenen Beurteilung Kubas oder der Kubaner. Im übrigen hatte ich noch die vage Erinnerung, daß Theodore Roosevelt

einen schneidigen Kavallerieangriff am San Juan Hill
geleitet hatte, wenn ich auch nicht genau wußte, zu
welchem Zweck, und daß das Schlachtschiff _Maine_ in ✱
der Bucht von Havanna gesunken war. Und weil ich
vorher zufällig etwas am Buffalo Bill Historical Center
in Cody, Wyoming, recherchiert hatte, wußte ich, daß
der Maler Frederic Remington auch auf Kuba gegenwärtig war und die Heldentaten von Teddy und der
US-Kavallerie mit seinen unübertroffenen Pferde-
skizzen im Bilde festgehalten hatte. Schließlich wußte
ich natürlich von der Niederlage der Vereinigten Staaten in der Schweinebucht, und nachdem ich in den ver-

✱ dies würde den damals regierenden
Spaniern angelastet und diente (mit) als
Kriegsgrund, um die Spanier aus jener
Region zu 'vertreiben.

gangenen zwei Jahren in Miami gelebt hatte, waren
mir die Ansichten der bei uns eingewanderten Kubaner nicht verborgen geblieben.

Genug Raum also, um meine Kenntnisse über Kuba
zu erweitern und über die vielen anderen Inseln, deren jeweilige Geschichte – spanisch, englisch, franzö-
sisch oder niederländisch – mir nur in vagen Umrissen
bekannt war. Vielleicht neigen Amerikaner wie Euro-
päer dazu, die Karibik als eine Einheit zu betrachten,
hauptsächlich bestehend aus Kokospalmen und golde-
nen Sandstränden; man kommt leicht mit dem Flugzeug hin und kehrt braungebrannt zurück, ein paar
Flaschen zollfreien Rum im Gepäck. Ich jedenfalls
brauchte einen Michener-Roman zur Klarstellung, um
besser die enormen kulturellen Unterschiede und die
Wechselfälle der Geschichte zu begreifen, die diesen
Raum, den man Karibik nennt, geformt haben. Drei
wichtige europäische Sprachen, ein halbes Dutzend
Kolonialmächte, die über einen Zeitraum von 500
Jahren miteinander um die Macht über diese Inseln
gerangelt haben, dazu ein machtvolles afrikanisches
und – in geringem Umfang – indisches Erbe, nicht zu
erwähnen die karibischen Ureinwohner – es gab offensichtlich viel zum Erforschen und zum Nachdenken,
und es überraschte nicht, daß Michener bestrebt war,
diese kontrastreiche Vielfalt in einem Roman zu beschreiben.

Zur Vorbereitung der Karibikreisen bat ich zuerst
das Fremdenverkehrsamt einer jeden Insel um das üb-
liche Informationsmaterial. Ich wurde bald mit Bro-
schüren überhäuft, die viele der Kontakte und Tele-

fonnummern aufführten, die ich für die Anfangspla-
nung von Micheners Recherchier-Reisen kreuz und
quer durch die Karibik brauchte. Mit diesen Broschü-
ren kam auch vielfältiges historisches, ökonomisches
und geographisches Material. Die größeren Inseln
schickten weniger allgemeine Informationen, dafür
Prospekte über jedes große Urlaubshotel, die klei-
neren Inseln neigten dazu, ihre Bedeutung in über-
schwenglichen und erfinderischen Texten herauszu-
streichen. Zwei Dinge wurden aus all dem mehr als

klar: erstens, jede einzelne Insel war von Christoph Kolumbus persönlich entdeckt worden, und zweitens, auf jeder findet man das Paradies.

Und Kuba? Das Kubanische Touristikbüro in Montreal, das wohl annahm, ich sei ein Kanadier, der sich in Miami aufhielt, schickte einiges Informationsmaterial, das die geschichtlichen Tatsachen leicht verdrehte und sich auf Badestrände in verschiedenen Teilen der Insel konzentrierte. Die Feststellung: »1898 unterzeichneten Spanien und die Vereinigten Staaten den Vertrag von Paris, in dem Kuba an die Vereinigten Staaten abgetreten wurde – ein Schlag, der wieder einmal Kubas Hoffnungen auf Unabhängigkeit zunichte machte«, schien eine Überprüfung zu verlangen, jedenfalls diente sie dazu, mein Interesse an San Juan Hill und Teddy Roosevelt wieder aufflammen zu lassen.

Als klar wurde, daß wir endlich nach Kuba kommen würden, suchte ich meine Kenntnisse zu erweitern, und da Fotografien des heutigen Kuba in den Vereinigten Staaten nicht leicht aufzutreiben sind, sah ich zu, was es an Material aus der Vergangenheit gab. Wo konnte ich besser danach suchen als in den Fotoarchiven der Universität von Miami? Zwei Jahre lang hatten wir die Bibliothek ausgiebig und mit Erfolg benutzt. Vielleicht hatte ich auch jetzt Glück. In der Spe-

zialsammlung fand ich einen Schatz alter Fotografien,
die meistens aus der Zeit der Jahrhundertwende waren: Bilder, die einen starken Eindruck des kolonialen
Despotismus heraufbeschworen, von Eleganz und
Reichtum, von Armut, von Größe und Verzweiflung.
Ich mag vielleicht auch jetzt noch nicht wissen, wie ich
das moderne Kuba einschätzen soll, aber beim Durch-
blättern der längst vergessenen Alben glaubte ich zu
begreifen, woher dieses Kuba stammte. Das Leben in
Havanna zur Zeit der Unabhängigkeit von Spanien
stand mir so lebhaft vor Augen, daß ich beinahe den

Modergeruch der Straßen riechen konnte, ich konnte teilhaben an den Zerstreuungen der privilegierten Klasse und die Verzweiflung der Armen mitfühlen. Diese Bilder waren so packend für mich, daß auch Sie einige davon sehen sollten. In gewissem Sinne wurden sie für mich zum Maßstab, nach dem ich das Leben im heutigen Havanna beurteilte.

Eines wurde ganz deutlich, wie wohl nicht anders zu erwarten: Kuba, das war eine elitäre spanische Kolonialgesellschaft, in der Weiß über Schwarz, Reich über Arm herrschte. Kein Wunder, daß man auf späteren Fotografien immer wieder die Statue von José Martí, Kubas hochverehrtem Freiheitshelden, sieht. Die größte Überraschung für mich war ein Album mit Fotos aus dem Spanisch-Amerikanischen Krieg von 1898. Sogar San Juan Hill ist zu sehen, und der Kavallerieoffizier auf dem weißen Pferd ist ganz bestimmt Teddy Roosevelt selber, auch wenn es unter dem Foto nur heißt:»1. Bataillon, 2. Maine-Regiment«.

In Barbados, Jamaika und Trinidad hatten Michener und ich nach der Atmosphäre der Kolonialvergangenheit gesucht, doch nichts kam dem gleich, was diese Alben aus Kuba ausstrahlten. Ich war nicht vorbereitet auf die majestätische Architektur Havannas, wie sie auf den alten Fotos zu sehen ist. Weder Kingston, Jamaika, noch Port-of-Spain, Trinidad, und gewiß nicht Bridgetown, Barbados, hatten jemals so prachtvoll ausgesehen wie ›La Habana‹ auf Kuba. Sie waren im Grunde Provinzstädte, während Havanna, offensichtlich, einst eine internationale Stadt gewesen ist, ein Ort von großer Schönheit.

Die Frage war, wie würden wir Kuba heute vorfinden, 90 Jahre nach dem Ende der spanischen Herrschaft, 30 Jahre nach Castros Coup, 30 Jahre einer Rhetorik des Hasses zwischen Kuba und den USA? Fast mit einem Gefühl von Resignation, bestenfalls mit gedämpfter Erwartung, verließen wir Miami, um die alten Fotos auf den neuesten Stand zu bringen.

Der Wein mag sauer sein, aber es ist unser Wein.
José Martí

Bilder

Von James A. Michener

Es war zu ärgerlich. Ich war dabei, meinen Roman über die Karibik zu beenden und hatte außer einer einzigen jede Insel, die in der Handlung vorkommt, besucht, die meisten der Inseln sogar mehrere Male: von Barbados im Osten bis Cozumel im Westen, von den ehemals dänischen Jungferninseln im Norden bis zum holländischen Curaçao im Süden. Die eine, die mir fehlte, war Kuba, die bedeutendste von allen, und es sah so aus, als würde ich nie hinkommen können.

Weil Fidel Castro die Insel zu einer kommunistischen Bastion im Bündnis mit der Sowjetunion gemacht hatte, waren die Beziehungen zu den USA abgebrochen worden. Unser Außenministerium gestattete mir nicht, Havanna zu besuchen, und Kuba betrachtete mich mit Argwohn, da ich ein Schriftsteller war, der negativ über die Revolution berichten könnte. So war ich von beiden Seiten blockiert.

Zwei Jahre lang hatte ich immer wieder versucht, mich nach Kuba einzuschleichen, fand mich aber in einer Katz-und-Maus-Situation: wenn die Kubaner ja sagten, sagten die Amerikaner nein, und umgekehrt. Unsere Regierung ist streng in bezug auf eine Einreiseerlaubnis, weil Touristen Dollars ausgeben, und seit Kubas Führer nach dem Schweinebucht-Fiasko und der Raketenkrise verkündet hatten, sie seien Todfeinde der USA, war ein äußerst wirksames Handelsembargo in Kraft getreten.

Ein Kapitel über Kuba war obligatorisch für mein Buch, denn es ist die bedeutendste Nation in der Karibik, und da ich nicht hinfahren konnte, tat ich, was viele Schriftsteller vor mir getan haben: ich studierte

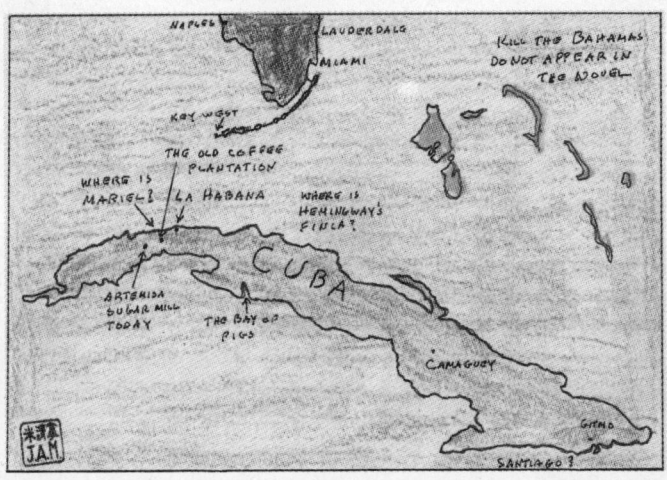

alles verfügbare Material über die Insel und denke, ich habe fünfzig Bücher und Artikel über die Jahre 1958 bis 1988 gelesen. Die Passagen über Kuba in meinem Roman hatten mit Orten zu tun, die ich nicht hatte besuchen können, also zeichnete ich Karten, um mich mit dem Gebiet vertraut zu machen, ich prägte mir Wohngegenden und wichtige Straßen ein und diskutierte mit Leuten, die vor Castro geflohen waren und jetzt in Miami lebten. Danach konnte ich meine Geschichte so gut schreiben, wie es eben geht, wenn man nicht selbst durch den Ort gegangen ist.

Doch es blieben zwei Lücken. Ich konnte mir nicht das Haus vergegenwärtigen, in dem mein Paar in Havanna lebte, und mir kein klares Bild von ihrer Zuckerplantage machen. Ich konnte nicht weiter, weil mir ein Haus und eine Zucker-Finca fehlten, und ich schwor mir: »Irgendwie komme ich nach Havanna.«

Ich entdecke neue Fakten über Kuba

Bei der Lektüre der Bücher, unterstützt durch Einsichten, die ich bei meinem Studium der anderen Inseln gewonnen hatte, stieß ich auf einige überra-
schende Tatsachen. In der Literatur, die die Jahre 1650
bis 1950 behandelt, traf ich wiederholt auf Feststellun-
gen wie diese: »Auf dem Höhepunkt dieser Rebellion
drängten sich die wohlhabenderen und gebildeteren
spanischen Familien, die, die entfliehen konnten, in
ihre Schiffe und flüchteten nach Kuba.« Verständli-
cherweise wollten die, die vor der Rebellion in Jamaika, Haiti oder Santo Domingo geflohen waren,
keine neue in Kuba erleben, die Spanier dort wurden
also zunehmend konservativer. Kuba war das letzte
Territorium in Nordamerika, das die Sklaverei ab-
schaffte, 1886, und mit Abstand das letzte, das die spanische Diktatur stürzte, 1898. Die kubanischen Spanier waren ein robuster, fähiger Menschenschlag ganz
eigener Art, eine der stärksten kulturellen Gruppen in
der Neuen Welt.

Ich erfuhr, daß bei manchen kubanischen Patrioten
in der Periode, die auf die Unabhängigkeit von Spanien folgte (1898–1910), der starke Wunsch bestand,
sich den Vereinigten Staaten anzuschließen, und daß
dieses Verlangen durch die Jahre bestehen blieb. Historische Unfälle, einige dumm, einige bedauerlich,
verhinderten die Vereinigung, doch sie konnten nicht
die symbiotische Verbindung zwischen den beiden Nationen aufheben.

Schließlich schien klar zu sein, daß in den fünfziger

Jahren wohlhabende amerikanische Geschäftsleute und Touristen Kuba für ihre eigenen Interessen benutzten, die einen als Quelle für schnelle Profite mit dem Zucker, die anderen als fröhliches Bordell.

Ich brauchte dieses Hintergrundmaterial, hatte aber nicht die Absicht, es direkt in den Roman einzubringen. Meine Geschichte sollte im Sommer 1988 spielen, Mitglieder einer konservativen Familie von Exil-Kubanern, die glücklich in Miami leben, besuchen ihre liberalen Verwandten, die gleichermaßen glücklich in Havanna leben. Ich entwarf mein Kapitel bis in alle Einzelheiten, entwickelte eine einfühlsame Beziehung zwischen den beiden Paaren in ihren späten Vierzigern, und ich hatte, was ich für eine gute, solide Erzählung hielt. Doch da ich Kuba nicht hatte besuchen können, litt ich unter einer für einen Schriftsteller verhängnisvollen Schwäche: ich konnte nicht die Bilder heraufbeschwören, die ich brauchte, um meine Geschichte authentisch klingen zu lassen.

Warum ein Besuch in Havanna unvermeidlich war.

Ich wollte zwar unbedingt nach Havanna, aber nur zu einem ganz beschränkten Ziel: ein Haus und eine Plantage zu finden. Ich hatte nicht die Absicht, ganz Kuba zu besuchen, noch seine politische Struktur zu erforschen, ich wollte mich auch nicht mit Herrschenden oder mit Dissidenten treffen, noch sonst etwas tun, was ich normalerweise tue, wenn ich versuche, eine fremde Gesellschaft zu begreifen.

Als ich ein Visum beantragte, sprachen zwei Fakto-
ren zu meinen Gunsten, einer gegen mich. Mein Buch
Iberia, ein Bericht über die spanische Kultur und ihre
Errungenschaften, war in spanischen Kreisen auf der
ganzen Welt mit Begeisterung aufgenommen worden.
Und ich war bekannt als ein Autor, der seine Schreib-
maschine nicht als Stilett benutzt, um Fremdartiges
damit aufzuspießen. Ich war im Ausland im großen
und ganzen freundlich aufgenommen worden, und
von Kuba erwartete ich nichts anderes. Grund genug
also für die USA, mich reisen zu lassen.

Der Nachteil: ich war fünf Jahre lang Mitglied im
Aufsichtsrat der United States Information Agency
gewesen und war gegenwärtig Mitglied der Kommis-
sion, die unsre beiden Rundfunkdienste für Länder
hinter dem Eisernen Vorhang betrieb, Radio Free Eu-
rope und Radio Liberty. Das hieß, daß ich in den kal-
ten Krieg gegen den Kommunismus verwickelt war,
was allerdings meine Bücher über den Ungarnauf-
stand von 1956 und über Polen schon hinlänglich be-
wiesen hatten. Grund genug also für Kuba, mich nicht
hereinzulassen.

Mein Flug nach Kuba – wie ein Märchen.

Im Sommer 1988 kam von beiden Regierungen der
Bescheid, daß ich Havanna besuchen dürfte, kurz nur
und ohne meine Frau, weil sie als Touristin angesehen
werden müßte, deren Ausgaben den Kubanern die dringend benötigten Dollars zukommen lassen würden.

Mehrmals die Woche, um ein Uhr morgens, wenn nur einige zufällig Anwesende es merken können, starten in Miami Maschinen nach Havanna, der ganze Vorgang hat etwas Kafkaeskes. Ich wartete in einer Schlange eine Stunde und vierzig Minuten, schließlich wurden meine Papiere überprüft, und ich wurde mit einem Höchstmaß an Sicherheitsvorkehrungen und Geheimnistuerei zum wartenden Flugzeug geleitet.

Das Erschütternde daran ist: der Flug von Miami nach Havanna, zwei bedeutende Städte der Neuen Welt, dauert genau achtunddreißig Minuten. Zwischen den beiden Städten sollten die Maschinen im Pendelverkehr fliegen, alle zwei Stunden von sechs Uhr morgens bis Mitternacht, es sollte Ticket-Automaten geben, und ein gültiger Paß müßte an Papieren reichen. Daß das ausgeschlossen ist, ist schon eine internationale Tragödie.

Während des kurzen Fluges machte ich mir noch einmal zwei Dinge klar: »Wenn Präsident Reagan, der prototypische Antikommunist, Tausende von Meilen nach Rußland reisen kann und Gorbatschow umarmen, dann sollte ich 90 Meilen fliegen dürfen, um ein Haus und eine Zuckermühle auf Kuba zu besuchen.« Und: »Auch wenn es albern klingt, eine so aufregende und vielfältige Stadt wie Havanna nur für sechs Tage zu besuchen, bin ich doch kein blauäugiger Anfänger. Ich habe mein Leben damit verbracht, fremde Länder zu besuchen und Einsichten über sie zu gewinnen. In sechs Tagen, und mein üblicher Arbeitstag umfaßt 18 Stunden täglich, sollte ich in der Lage sein, ein Haus und eine Plantage zu finden und zu erforschen.«

Erste Eindrücke

Da ich mich so abgemüht hatte, nach Kuba zu kommen, und da mein Besuch so wichtig für mein Schreiben war, war ich geneigt, kleinere Unbequemlichkeiten zu übersehen. »Du wolltest hier sein«, sagte ich mir, »und jetzt bist du hier. Also sei ruhig.« Aber trotzdem, der Anfang war fürchterlich.

Der Grenzbeamte, ein mürrischer junger Mann, behandelte mich mit solch einer Feindseligkeit, daß ich ernsthaft befürchtete, ich würde mit dem nächsten Flugzeug zurückgeschickt. Er sah mich böse an, sprach nur ein undeutliches Spanisch und weigerte sich, meinen Erklärungen zuzuhören, die ich unbeholfen in seiner Sprache vorbrachte, denn wenn ich auch Spanisch sprach, war doch mein Vokabular auf Schul-Sätze beschränkt.

Das Problem: »Sie können nicht nach Kuba einreisen, wenn Sie keine im voraus bezahlte Übernachtungsmöglichkeit nachweisen können. Wir wollen keine Zigeuner und Leute, die am Strand campieren.« Da mein Besuch informeller Natur war, hatte ich kei-

nerlei Vorbereitungen getroffen. Um drei Uhr morgens in einem ungastlichen Flughafen waren die Aus-
sichten nicht rosig.

Dann kam eine fröhliche Stimme von der anderen
Seite der Sperre: »Michener! Alles in Ordnung! Alles
arrangiert! Ich erklär's dem Mann!« Die Worte kamen
von einem energischen, bärtigen jungen Mann mit ro-
ten Haaren, der mein Führer und Mentor während
meines Havanna-Aufenthaltes sein sollte. Mit einer
Geschicklichkeit, die er sich bei vielen solcher mitter-
nächtlicher Katastrophen erworben hatte, erklärte er
dem Beamten die Umstände, redete ihm aufmunternd
zu, bestätigte meine Referenzen und holte mich auf
die andere Seite der Sperre.

Mein Retter war Jerry Scott, für öffentliche Angele-
genheiten zuständig in der kleinen diplomatischen
Vertretung, die US-Interessen in Kuba wahrnahm, solange es keine Beziehungen auf Botschafterebene gab.
Er war ein enthusiastischer Mann, hatte einige Zeit in
verschiedenen Ländern Lateinamerikas verbracht und
war für seine Aufgabe hervorragend geeignet, weil er
die spanische Kultur respektierte und die Kubaner,
mit denen er täglich zu tun hatte, ihm Vertrauen ent-
gegenbrachten, doch er vertrat immer eindeutig unsere nationalen Interessen. Er hatte Unterstützung,
nachdem er Partricia Sonschein geheiratet hatte, eine
schöne, geistreiche Argentinierin, die sich jetzt um
ehemalige politische Gefangene kümmerte, die hofften nach Miami auswandern zu können.

In dieser Nacht erwies Jerry sich als außerordentlich
tüchtig, auch wenn er kein Hotelzimmer besorgen

konnte. Vor Anbruch der Morgendämmerung setzte er mich in seinen Wagen, und wir fuhren nach Havanna, der Stadt, die ich seit langem so gern sehen wollte.

Es war eine sternenklare Nacht, und ich näherte mich den Außenbezirken unter fast idealen Bedingungen, denn Jerry erklärte mir, welche Gebiete wir durchfuhren. Ich drehte aufgeregt meinen Kopf hin und her und erwartete, die Art spanischer Stadt zu sehen, die mir von meinen Aufenthalten in Spanien, Mexiko und Süd-Texas her vertraut war.

Was für ein Schock! »Mein Gott! Diese Stadt braucht für Millionen Dollar weiße Farbe!« Häuser und Plätze in dieser Gegend waren so heruntergekommen, daß jeder, der Städte liebt, protestiert hätte. Es waren nicht einzelne Gebäude, denen Farbe fehlte, es waren ganze Straßenzüge, fast ganze Bezirke, es war nicht zu übersehen.

Der nächste Schock für mich kam, als wir die Geschäftsviertel verließen und in Wohnstraßen mit Privathäusern kamen. Vor den Häusern war Rasen, aber da keiner der Hausinhaber Zugang zu Rasenmähern hatte, wuchs das Gras wild und verdeckte fast die Wohnhäuser. Keine Familie würde freiwillig in solch einer Umgebung leben wollen; es gäbe nur eins, hinausgehen und das Gras abschneiden. Aber wenn keine Hilfe da war, sagten sich die Hausinhaber offensichtlich: »Zum Teufel damit.«

Ich murmelte im Auto vor mich hin: »Weiße Farbe und Rasenmäher! Ich habe so viel gelesen, aber ich hätte nie erwartet, daß es daran mangeln würde.«

Dann sagte Scott: »Jetzt kommt der hübsche Teil, der Malecón.« Er fuhr eine Kehre und dann langsam einen schönen Boulevard hinab, der am Meer entlangführte, mit einem breiten Weg für Fußgänger. Obgleich es noch Stunden bis zum Morgengrauen waren, schlenderten zwei junge Pärchen die Promenade entlang, und er sagte: »Auf dem Malecón sind immer Liebespaare«, und an den Tagen darauf, als ich zu allen möglichen Tageszeiten dort vorbeikam, sah ich, daß es stimmte.

Am westlichen Ende des Malecón, der wohl ungefähr zwei Meilen lang ist und eine der schönsten Uferstraßen der Neuen Welt, kamen wir zu einem riesigen, unfreundlichen modernen Gebäude. Das war die frühere US-Botschaft, die jetzt im Besitz der Schweizer ist. Die Schweizer helfen ein paar amerikanischen Diplomaten, die kaum in Erscheinung treten, unauffällig ihre Aufgabe als Vertreter der American Interests Sec-

tion zu erfüllen. Das Team ist sehr beschäftigt, es kümmert sich um Visa-Gesuche von Kubanern, die entweder Miami besuchen oder dort Verwandte aufspüren wollen. Man sagte mir: »Wenn die Auswanderung in die Vereinigten Staaten erlaubt wäre, würde ein Strom von Kubanern die Insel verlassen.« Es gibt in Washington etwas Vergleichbares, natürlich, in der tschechischen Botschaft ist eine Abteilung, in der sich die Kubaner um die Interessen ihres Landes kümmern.

Die guten Straßen.

Eine Sache machte mir großen Eindruck während dieser ersten Fahrt durch Havanna, und später die ganze Zeit auch: Vielleicht hatte ich Glück, aber ich sah keine einzige Straße mit Schlaglöchern und in einem Zustand des Verfalls, und ich bin viel hin und her gefahren. Die Straßen waren viel besser als die, die ich auf anderen Inseln der Karibik kennengelernt hatte

und auch in vielen amerikanischen Staaten, aber nie
sah ich jemand auf ihnen arbeiten. Als ich das einmal
ansprach, erklärte mir ein amerikanischer Fachmann:
»Kubanische Straßen haben zwei Riesenvorteile. Sie
müssen nicht die gewaltige Menge von Autos tragen
wie die amerikanischen, und sie brechen nie im Winter
vom Frost auf. Aber es gibt auch zwei Nachteile. Tro-
pische Regengüsse können die Straßenränder zerstö-
ren, und die wuchernde Vegetation ist eine ständige
Bedrohung für sie.« Doch die Tatsache bleibt bestehen, daß irgendwer sich um Kubas Straßen kümmerte
und sie fast frei von Schlaglöchern hielt, wenigstens in
den Gebieten, in denen ich gereist bin.

Es wurde allmählich Morgen, als wir durch eine Gegend fuhren, die den besseren Vororten jeder amerikanischen Stadt ähnlich war. Vedado hieß dieser Teil der Stadt, und hier gab es einladende Häuser, keine baufälligen, keine, denen Farbe fehlte, und ungemähten Rasen sah man auch nicht. Dies hier war offenbar bestes Mittelklasse-Havanna, und als ich ein hübsches Haus sah, in dem gerade die Lichter angingen, durchfuhr mich ein Gedanke, den ich in den folgenden Tagen immer wieder haben sollte: »Die Leute in dem Haus sollten, falls sie gespart haben, die Möglichkeit bekommen, zum Flughafen zu fahren, ein Flugzeug nach Atlanta oder New York nehmen, sechs Tage Urlaub machen, sich kaufen, was sie sich leisten können und nach Hause zurückfliegen.« Daß solche angenehmen Dinge, die Leute normalerweise tun, verboten sind, macht mir am meisten Kummer beim Versuch, eine Diktatur zu verstehen.

Die traurigen Villen von Cubanacán.

Wir kamen jetzt nach Cubanacán im Westen der Stadt, wo die Häuser so luxuriös waren, daß man sie als Villen bezeichnen mußte, und als ich gerade fragen wollte, wem sie gehören, sagte Scott: »Botschaftsviertel«. Es war so schön wie die Botschaftsviertel in anderen Ländern, die ich gesehen hatte, denn die ausländischen Regierungen hielten ihre Häuser tadellos in Ordnung, und der Rasen war so gepflegt wie vor ihren Botschaften in Paris oder Madrid.

Aber kaum hatte ich aufgehört, diese schöne Architektur zu bewundern, da kamen wir in einen anderen Teil von Cubanacán, und selten habe ich etwas Elenderes gesehen. Hier gab es Prachthäuser aus den vierziger und fünfziger Jahren, reiche kubanische Geschäftsleute und ausländische Besucher hatten Millionen dafür ausgegeben, und jetzt ließ man es zu, daß sie allmählich, unaufhaltsam, verfielen. Ich war entgeistert von dem, was ich sah, und fragte Scott: »Was ist das?« Seine Antwort war knapp: »Nach der Revolution von 1959 wurden diese Häuser enteignet, nachdem die Besitzer geflohen oder aus dem Land vertrieben worden waren. Zuerst stellte das neue Regime

diese herrlichen Gebäude Parteifunktionären zur Verfügung, aber das gab Ärger. Die Funktionäre mußten stehlen, um die Häuser zu unterhalten, und als sie da so übermütig lebten, wurden die Bauern verbittert.«

»Aber sie hätten doch gewöhnliche Leute dort wohnen lassen können. Vier, sechs Familien in einem Haus.«

»Sie haben es versucht ... da drüben in dem großen ... die Bauern machten schnell ein Elendsquartier daraus. Also hörten sie damit auch auf. Aber das eine, das ganz gut aussieht, das ist eine Regierungsstelle, und so beschwert sich keiner.«

»Die andern?«

»Sie können es sehen. Niemand schneidet das Gras. Keiner kümmert sich um das Haus. Tiere nisten sich ein, und die Sachen verrotten allmählich.«

Diese traurigen Villen von Cubanacán ließen mich nicht los, denn in einer normalen Gesellschaft hätte man allerlei Verwendungsmöglichkeiten für sie gefunden – Schule, Kloster, Waisenhaus, Versammlungshalle –, aber in Kuba kam so etwas nicht zustande. Ein Mann sagte: »Jeder hat einen Plan, was man damit machen könnte, aber keiner weiß, wie er es finanzieren soll. So verfällt dieser ganze wertvolle Besitz, vielleicht 100 Millionen Dollar wert.«

Der Sitz der Amerikanischen Vertretung.

Ich muß erklären, wie wir in Havanna untergebracht
waren. Mein Partner John Kings, Engländer, Wissen-
schaftler und Redakteur, begleitete mich. Er hatte bei
mehreren Projekten mit mir zusammengearbeitet und
leitet jetzt mein Büro in Miami. Er hat den Vorteil,
wie verschiedene bedeutende Londoner Filmschau-
spieler auszusehen, und wo immer wir hinkamen,
wurde er herzlich begrüßt. Er hatte unsere Visa be-
sorgt und ohne viel Erfolg versucht, für uns in Havanna eine Unterkunft zu finden, aber am Ende lud
uns der Chef unserer Amerikanischen Vertretung ein,
bei ihm zu wohnen. So endete gegen fünf Uhr morgens unsere Tour durch Havanna vor dem schwerbe-
wachten Tor der US-Residenz.

Das Haus stand im Herzen von Cubanacán, umge-
ben von verfallenen Herrenhäusern, was es noch ein-
drucksvoller aussehen ließ. Es war ein großes, stattli-
ches Gebäude, das viele elegante Räume besaß, aus-
gedehnte Gärten und am Ende einer langen Promenade einen in Stein gemeißelten Adler, der seine
Schwingen ausbreitete. Der Adler war hierher ge-
bracht worden, nachdem man ihn von einem früheren
öffentlichen Denkmal entfernt hatte.

John J. Taylor, ein langjähriger Berufsdiplomat,
und seine Frau Betsy bewohnten die Residenz. Taylor,
ein erfahrener Unterhändler mit vorhergegangenen
Auslandsverpflichtungen in China und Südafrika, war
hier mit einer äußerst schwierigen Aufgabe betraut: er
mußte die langfristigen Interessen der USA vertreten,

er mußte in engem Kontakt mit Castros Regierung bleiben, und vor allem mußte er dafür sorgen, daß die Exil-Kubaner in Miami zufrieden waren. Das letzte war das Schwierigste, denn der leiseste Schritt hin zu einer Wiederaufnahme der diplomatischen Beziehungen mit Kuba würde von den Miami-Kubanern als ein Verrat an ihren Interessen interpretiert werden, die darin bestanden, das Castro-Regime zu stürzen. Taylor erfüllte seine Aufgaben mit Brillanz und Charme. Bei ausgedehnten Gesprächen mit ihm am Eßtisch und in seinem Arbeitszimmer konnte ich auch nicht die leiseste Abweichung von dem, was ihm aufgetragen war, entdecken. Er vertrat die Position seiner Regierung mit Festigkeit; er hatte viele einflußreiche Kubaner zu Gast und gab ihnen Hoffnung, daß die Bezie-

hungen zu den USA sich nicht verschlechtern würden; und sorgfältig verteidigte er die Interessen und Ansprüche der Exil-Kubaner in Miami. Ich war sehr froh darüber, bei den Taylors wohnen und einen Diplomaten bei der Arbeit beobachten zu können.

Einmal fiel mir die Opernarie aus Balfes *The Bohemian Girl* ein, in der das vermeintliche Zigeunermädchen von seiner Kindheit singt: »Ich träumte, ich wohnte in Marmorsälen«, und ich fragte die Taylors: »Und was machen Sie, wenn Sie diese Marmorsäle verlassen müssen und in Ihr Blockhaus in Tennessee zurückkehren?« Er sagte: »Das Leben eines Diplomaten bedeutet, einen Marmorsaal nach dem anderen zu verlassen, immer in dem Bewußtsein, daß er auf dem Weg zurück in sein Blockhaus ist.«

Ich war beruhigt, als Taylor mir sagte: »Scott wird Sie in unserer Stadt herumführen und Ihnen alles zeigen«, denn Scott ist jemand, der die Dinge in die Hand nimmt, aber die beiden Männer waren überrascht, als ich erklärte: »Ich bin nach Havanna gekommen, um zwei Dinge zu sehen. Ein paar Häuser und Straßen und eine Zuckermühle.«

Beide lachten und versprachen: »Sie werden weitaus mehr sehen«, aber ich denke, sie waren erleichtert zu erfahren, daß ich nicht gekommen war, ihr Leben mit einem politischen Programm zu komplizieren. Es gab Drinks und Kekse bei den Taylors, und als ich zu Bett ging, war es Morgen. Ich konnte lange nicht einschlafen, denn ich mußte immer an die verlassenen Villen denken, die allmählich vom Unkraut verschlungen wurden.

Kreuz und quer durch Havanna

Am Mittag des nächsten Tages war ich schon mitten in der Erforschung des alten Havanna, und ich hatte einen reizenden Fremdenführer, den weißhaarigen und weißbärtigen kubanischen Dichter und Romancier Pablo Armando Fernández, der mein seltsames Vorhaben verstand und nur zu bereit war, mir zu helfen. Eines muß ich vorher noch klarstellen: Nicht ein einziges Mal während meines ganzen Aufenthaltes in Havanna habe ich einen Ort besucht, wo im voraus etwas arrangiert war, um mir bei meiner Arbeit zu helfen oder um mich auf etwas hinzuweisen, das ich nach dem Willen der kubanischen Regierung sehen sollte. Das eine, was ich sehen sollte, war die riesige, schön gemalte Plakattafel direkt gegenüber dem Gebäude der US-Interests Section. Es zeigte einen fanatischen Uncle Sam, der Drohungen gegen einen redlichen kubanischen Arbeiter mit einem Gewehr in der Hand ausstößt. Auf dem Plakat hieß es: »Señores Imperialistas. Wir haben absolut keine Furcht!« Ein Amerikaner, der dort arbeitet, sagte mir: »Das Schild mag amüsant

sein, aber es zeigt wirklich, wie viele Kubaner denken.« Doch dies war die einzige Einmischung der Regierung, der ich begegnete, und wie ich es in jedem
Land tat, das ich je besucht habe, besonders in Rußland und China, fuhr ich die Straßen entlang, so wie
ich es mir ganz spontan aussuchte, und bat den Fahrer
zu halten, immer wenn mich etwas interessierte. Ich
stellte mich dann selbst als Amerikaner vor, der an allem Kubanischen interessiert sei, und bat um Erlaubnis, mich umschauen zu dürfen. Ich stellte jede Frage,
die mir vernünftig schien, und innerhalb weniger Minuten wollten die Kubaner mir noch viel mehr zeigen
als das, worum ich sie anfangs gebeten hatte. Man begegnete mir ausnahmslos mit Höflichkeit, ich erlebte
nur einmal eine Zurückweisung, in einem Kirchen-
Museum, wo der Fußboden gerade mit Sand bestreut
wurde: »Kommen Sie in einer Stunde wieder. Wir würden uns sehr über Ihren Besuch freuen«, aber da war
ich schon lange weg.

Kein Polizist forderte mich jemals auf, wegzugehen,
es waren keine Soldaten zu sehen, ich traf keinen einzigen Russen, obwohl viele in Kuba waren. Ich hatte
denkbar freieste Hand, und man kam mir überall mit
größter Freundlichkeit entgegen; tatsächlich kam es
vor, daß Leute mir sagten, Amerikaner wie mich be-
trachteten sie als ihre Freunde und sie hofften, daß unsere Länder auch bald wieder freundschaftliche Beziehungen unterhalten könnten. Wie viele Kubaner habe
ich getroffen in diesen sechs Tagen? Vielleicht zwei-
hundert, alles in allem. Aus welchen Lebensberei-
chen? Von höchsten Würdenträgern der Katholischen

Kirche über führende Journalisten bis zu Arbeitern auf dem Feld. Ich erlebte keinen einzigen unangenehmen Zwischenfall, obwohl ich manchmal beharrlich bis zur Unhöflichkeit war. »Prensa norteamericano. Un amigo de Cuba con un gran interés en las cosas cubanas.« Die Erklärung, daß ich an allem Kubanischen interessiert sei, öffnete mir die Türen.

Was sah ich also? Ich hatte über eine kleine Kirche gelesen, die von keiner besonderen Bedeutung war für das Leben von Alt-Havanna, aber doch von Interesse, Iglesia de Paula, am Hafen. Ich hielt dort an und stellte fest, daß sie schon lange nicht mehr als Kirche benutzt wurde, hier war jetzt eine Stelle zur Erforschung der kubanischen Volksmusik, eine Art Museum mit vielen überdimensionalen Fotografien und Ölgemälden, die Kapellen vom Anfang des Jahrhunderts zeigten. Ich unterhielt mich mit den freundlichen Leuten dort und erfuhr manches darüber, wie man heute in Kuba mit der Religion umgeht.

In einem anderen Museum, bei dem ich anhielt, erfuhr ich von einer außerordentlich liebenswürdigen jungen Frau, daß an dem Tag geschlossen sei, aber als ich ihr meinen Wunsch erklärte, die Möbel eines Hauses zu sehen, wie es meine imaginären Figuren bewohnt haben könnten, war sie sehr interessiert, ließ ihre Arbeit ruhen und führte mich durch die liebevoll präsentierte Sammlung, die häusliches Leben aus vergangenen Zeiten darstellte. John Kings, der das kleine Museum fotografierte, nahm ein Bild von ihr im Sonnenlicht auf, wie sie gerade dem Dichter Fernández etwas erklärt, und ihre Haltung war so poetisch, so

ganz und gar richtig, daß ihr Porträt stellvertretend ist
für das all der Menschen, die so gut zu mir waren.

Ungeplantes Umherwandern kann unerwartetes
Vergnügen bringen, und eines Tages, als wir mit Professor Lisandro Otero, einem Kenner der Architektur,
durch die Gegend fuhren, und zwar durch eine sehr
unschöne, rief ich: »Halt! Sehen Sie doch nur dieses
wunderbare Gebäude!«, sprang aus dem Wagen und
stellte mich einigen überraschten Nonnen vor, die dort
ein Altersheim führten.

Sie baten uns herein, und ich konnte erkennen, wie-
viel Liebe auf alles verwandt worden war, denn die
Flure glänzten vor Sauberkeit, die Räume waren tadellos, und der kleine Patio war ein blühender Garten.

Zwei Tage später kehrte ich an diesen verzauberten
Ort der Ruhe zurück, und eine der Nonnen erzählte
mir die Geschichte des Hauses: »Ein Bürgerlicher, der
ein Vermögen in der Tabakindustrie angesammelt
hatte, hat das hier gebaut. Er kaufte sich einen Titel,
Graf von Soundso, und das erlaubte ihm, am Eingang
Steinlöwen aufzustellen, Symbol dafür, daß dort ein
Adliger lebte. Als seine Nachbarn, echte Granden aus
Spanien mit berühmten Namen, die Löwen sahen, wa-

Heruntergekommene Häuser ...

... und gepflegte Villen im Botschaftsviertel von Cubanacán.

Steinerner Adler im Garten der amerikanischen Botschaft.

Die Residenz des US-Botschafters (unten) liegt im Stadtteil Cubanacán, inmitten verfallender Prachtvillen (linke Seite).

Der kubanische Dichter Pablo Armando Fernández.

»Ihr Herren Imperialisten, wie haben absolut keine Furcht.«

Flur eines von Nonnen geführten Altersheims.

Schlangestehen im Einkaufsviertel Havannas.

Siesta im Schatten.

In El Cerro errichteten sich um die Jahrhundertwende viele reiche Familien luxuriöse Sommerhäuser.

Innenhof des kleinen Museums, das dem Andenken des kubanischen Romanciers Alejo Carpentier gewidmet ist.

James A. Michener im Landhaus La Vigía, das Ernest Hemingway während seiner Aufenthalte in Kuba bewohnte.

*Impressionen von einer
verfallenen Kaffeeplantage:
Oben: Eine Statue der griechischen Göttin Artemis vor
den Ruinen des ehemaligen
Herrenhauses.
Rechte Seite links unten:
Die Sklaven wurden in einem
riesigen, eingezäunten Areal
gehalten und von Türmen aus
bewacht.*

Sancho Pansa in Kuba.

ren sie empört: ›Wenn dieser Emporkömmling sich welche kaufen kann, wollen wir unsere Löwen nicht mehr‹, und sie nahmen sie herunter. ›La Muerte de los Leones‹ hat das jemand genannt.« Die einzigen Löwen waren jetzt die vor dem Heim, und sie schienen mir sehr passend.

Ich fragte meinen neuen Führer, der aus einleuchtenden Gründen unerkannt bleiben möchte: »Wenn eine Religion für ungültig erklärt wird, gerade die katholische, wie können dann Nonnen ein Altersheim betreiben?« Er flüsterte: »Haben Sie gemerkt? Sie wollten Ihnen zwar gern ihre Arbeit zeigen, aber sie wollten sich nicht fotografieren lassen. Das macht alles deutlich, denn die Regierung sagt: ›Tut eure guten Werke, aber tut sie im stillen. Haltet euch zurück, so daß wir euch nicht sehen müssen.‹ Und das genau tut die Kirche. Sie hört nicht auf zu kämpfen, aber im Schatten.«

Drei erstaunliche Erfahrungen.

Selbstverständlich bewegte ich mich in Havanna vorsichtig, denn ich war dort, um meine persönlichen Anliegen zu lösen und nicht, um mich in Debatten einzumischen, aber ohne mein Zutun wurde ich mit Ereignissen konfrontiert, durch die ich ein ganz anderes Kuba kennenlernte. Ich verheimliche Namen und Ort in den ersten beiden Fällen, aber versichere, daß sich die Dinge so zugetragen haben, wie ich sie beschreibe. Das erste war ein Treffen mit ungefähr zwei Dutzend führenden Persönlichkeiten aus Kultur und Politik, ein kultiviertes Abend-Büfett, bei dem die Kubaner eine Reihe wichtiger Fragen zum Verhältnis unserer beiden Nationen stellten, und ich versuchte aufrichtig zu antworten. Ich befragte sie nach dem kulturellen Leben in ihrem Land und nach ihren Zukunftsaussichten. Es war ein so lebhafter Austausch, wie ich ihn bei einem Zusammentreffen mit aufgeschlossenen Männern und Frauen auch in Harvard oder Stanfort hätte haben können. Es gab Grenzen, selbstverständlich. Ich fragte sie nicht nach Fidel Castro und Rußland, sie trieben mich nicht mit Ronald Reagan und Nicaragua in die Enge, sondern wir befaßten uns intensiv mit geringfügigeren Problemen. Sie blieben standhafte Kubaner und ich ebenso überzeugt Amerikaner, aber es tauchten viele Ideen auf und gewannen Macht über uns. Es war ein Abend, den die Teilnehmenden auf beiden Seiten nicht so leicht vergessen werden. Unsere beiden Nationen leiden, denn ob wir wollen oder nicht, wir sind einander schon allein geographisch sehr nahe.

Ein bedeutender Diplomat, der erfuhr, daß ich für kurze Zeit auf Kuba war, arrangierte ein Essen, an dem der spanische Botschafter teilnahm sowie eine hochgestellte Persönlichkeit der Katholischen Kirche Kubas, Monsignor Carlos Manuel de Céspedes. Hier, bei dieser intimeren Zusammenkunft, gab es keine Zurückhaltung mehr. Wir verbrachten ungefähr vier Stunden mit einem intensiven Austausch von Erfahrungen und Ideen. Ich erfuhr, wie Spanien seine ehemalige Kolonie betrachtete, die letzte, die ihm in der

Neuen Welt geblieben war damals, nach einer Periode
großer Macht.

Ich war sehr daran interessiert zu erfahren, wie
Kuba zu verschiedenen Zeiten auf die Macht der Katholischen Kirche reagiert hatte. Dem Prälaten, einem
sehr klugen Menschen, sagte ich: »Wie die meisten
amerikanischen Gelehrten, die versuchen, auf dem
laufenden zu bleiben, was die Ereignisse auf Kuba an-
geht, war ich der Meinung, daß in den schlimmsten
Zeiten der rechten Diktatur Ihre Kirche von den meisten Außenstehenden als Handlangerin der Repres-
sion angesehen wurde, aber als ein linkes Regime die
Macht ergriff, wurde aus Ihnen ein Leitstern der Frei-
heit. Welch erstaunliche Wandlung innerhalb weniger
Jahre!« Er differenzierte meine zu simple Analyse ein
wenig, war dann aber sehr interessiert, als er erfuhr,
daß ich Papst Johannes Paul II. kannte, als er noch
Kardinal in Krakau war, und daß ich ihn seither einige
Male im Vatikan besucht hatte und das bald wieder
tun würde.

Es war so ein Abend, an dem die Gedanken leicht
hin- und herfließen und sich hin und wieder unerwar-
tet Einsichten enthüllen. Ich war beeindruckt, wie
Spanien die philosophische Führerschaft in der Neuen
Welt behielt und wie die Kirche darauf beharrte, festen Stand zu bewahren in den für sie schwierigen Jahren von 1960 bis 1980. Als der Prälat sprach, ein
Mann, der Hingabe an die Sache besaß und das Ge-
schick, das man im internen politischen Machtkampf
braucht, da dachte ich an die Nonnen in jener abgele-
genen Straße, die die Fürsorge leisteten, die in allen

Gesellschaften so dringend benötigt wird, und ich dachte: »Ein mächtiges Team, wirklich. Prälat im blendend hellen Sonnenlicht, Nonne im barmherzigen Schatten.«

Am Sonntagabend überraschten mich meine Gastgeber: »Kubas bester Pianist mit dem etwas ungewöhnlichen Namen Frank Fernández, der in Rußland, Europa und Südamerika hohes Ansehen genießt, gibt heute eine große Gala mit Beethovens Klavierkonzerten, begleitet von Kubas Orquesta Sinfónica Nacional. Wir haben Plätze für Sie und John Kings, falls Sie gern mitkommen möchten.«

Mit einer derartig angenehmen Unterbrechung meiner Reise, die eigentlich der Arbeit gewidmet war, hatte ich gar nicht gerechnet, ergriff aber die Gelegenheit und wurde mit einem unvergeßlichen Abend belohnt, der, wie man sehen wird, reich an persönlichen Untertönen war.

Als Kings und ich zur Konzerthalle kamen, waren wir kaum vorbereitet auf das, was wir sahen. Kings rief mehrere Male: »Wie schön die Menschen sind! Jeder Mann scheint seinen guten Anzug für besondere Gelegenheiten anzuhaben und jede Frau ihr elegantestes Kleid!« Das Publikum war in der Tat ebenso glanzvoll wie bei einem Konzert etwa in Madrid, München oder San Francisco, und aus irgendeinem Grund, warum, wüßte ich nicht zu sagen, war ich sehr froh darüber.

Ich kann kaum meine Erregung beschreiben, als ich erfuhr, welche der fünf Beethovenschen Klavierkonzerte Fernández für diesen Abend ausgewählt hatte:

zur Eröffnung sollte das edle Fünfte erklingen, das von vielen als die schönste Vermählung von Klavier und Orchester verehrt wird; ein wahres Schlachtroß der Konzertsäle, das nie seine Wirkung verfehlt. Mich überraschte, daß dieses von den meisten Pianisten für einen triumphalen Schluß reservierte Stück den Auftakt bilden sollte.

Für das Finale war heute abend das 4. Klavierkonzert vorgesehen, dieses wunderbar traumzarte Gebilde von exquisiter musikalischer Struktur. Ich war überglücklich, daß dieses Werk zu hören sein würde, denn ich schätzte es aus einem ganz persönlichen Grund. Ich hatte gerade einen Essay geschrieben, der erklärte, inwiefern mein Ansatz beim Schreiben der langen Romane wie *Hawaii, Die Quelle* und *Alaska* der bis ins Jahr 1929 zurückreichenden Wertschätzung eben dieses 4. Klavierkonzerts in G-Dur entsprang. Was mir, der ich schon die überwältigenden Konzerte von Grieg, Schumann und Tschaikowski mit ihren prunkvollen Eröffnungen kennengelernt hatte, Ehrfurcht einflößte, war die feierliche, fast monotone Art, in der Beethoven ankündigt, was dann Großartiges kommt. Tatsächlich beteiligt sich zu Beginn das Klavier geraume Zeit gar nicht, denn er wollte ihm nicht freien Lauf lassen; es sollte ganz sanft hineingleiten und den Zuhörer dann mit sublimem Klang verzaubern. Das Vierte ist wegen dieses gedämpften Beginns nicht sehr populär, von Kennern allerdings wird es wegen seines Bedeutungsreichtums und seiner Meisterschaft hochgeschätzt. Ich liebte es über die Maßen und sagte mir: »Wenn Beethoven die Vorstellung sei-

nes Leitthemas hinauszögert und langsam beginnt,
dann kann ich das bei meinen Romanen auch versuchen.« Und diese Überzeugung hat mir Mut gemacht,
meine Romane so aufzubauen, wie ich es tue, mit einem langen und ruhigen Auftakt, bevor die Hauptper-
sonen erscheinen. In einer Kritik hieß es einmal zu-
treffend: »Erst nach 50 Seiten begegnen wir einem le-
benden Wesen, und dann ist es ein Dinosaurier. 90 Seiten, bevor irgendein Mensch ein Wort sagt.« Viele
Leser schlagen meine Bücher schnell wieder zu; wer
aber dranbleibt, findet sich in sorgsam gestalteten
Welten wieder, die er nur ungern verläßt.

An dem Abend in Havanna lauschte ich Beethovens
5. Klavierkonzert mit großem Vergnügen, aber als das
Vierte begann, sank ich tief in meinen Sessel und ließ
mich von dieser raffiniert komponierten und elegant
vorgetragenen Musik überwältigen, und wieder fühlte
ich mich wie hypnotisiert. Ich war wieder der Student
von Anfang Zwanzig, der eines der großen Geheim-
nisse der Kunst entdeckt: »Du bist frei, du kannst
langsam beginnen und dich bedeutungsvoll steigern.
Du bist nicht verpflichtet, gleich mit einem Fanfaren-
stoß Aufmerksamkeit zu erregen.«

Der Höhepunkt dieses überraschenden Abends
kam, als die Konzertleitung uns mitteilen ließ: »Der
Maestro würde sich gern nachher im Grünen Zimmer
mit Ihnen treffen«, und als wir den kleinen Raum be-
traten, die Art Raum, in dem sich überall auf der Welt
Künstler nach der Vorstellung mit ihren Freunden treffen, hätte ich auch in Tokio oder Leningrad sein können, denn diese Atmosphäre von Aufregung, Triumph

und Liebe zur Kunst ist überall die gleiche. Ich dankte Fernández für seinen eleganten Vortrag, und er sagte: »Dieses Konzert ist ein Prüfstein für Pianisten. Alles im Gleichgewicht zu halten, den Zuhörer mit einem großen Werk bekannt zu machen.« Und abschließend sprach er noch einmal über Beethoven, »El gran sordo de Bonn«, nannte er ihn, »Der große Taube von Bonn«.

Zur gleichen Zeit lag auf meinem Schreibtisch in Miami eine Aktennotiz an Kings: »John, sieh doch mal, ob es in der Bibliothek eine Aufnahme von Beethovens 4. Klavierkonzert in G gibt. Ich muß mein Gedächtnis hinsichtlich des 1. Satzes auffrischen.« Daß ich ein paar Tage später in Havanna eine Aufführung des Werkes erleben sollte, würde mancher als göttlichen Eingriff deuten. Ich hielt es für besonderes Glück.

Auf der Suche nach Konsumgütern.

Als wir eine Seitenstraße hinuntergingen, erregte etwas meine Aufmerksamkeit, und ich rief: »Werfen wir mal einen Blick darauf.« Im Innern einer ehemaligen Kirche fanden wir einen Schwarm von Frauen, die eifrig eine Menge Kleider befühlten, die irgendwer legal oder sonstwie ergattert hatte und jetzt an improvisierten Kleiderständern feilbot.

Zum Essen führte uns Pablo Armando in *La Bodeguita del Medio*, eine Kneipe, die Hemingway in den vierziger Jahren häufig besuchte. Die Wände waren

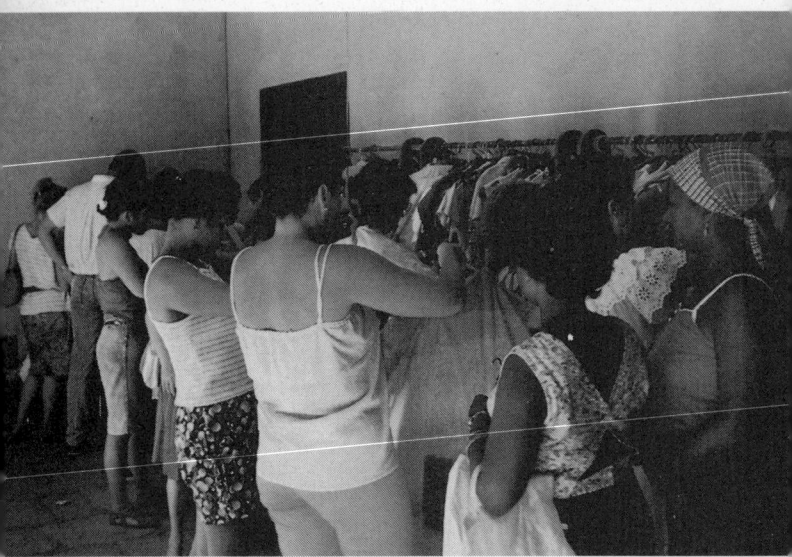

bedeckt mit einem Gewirr von Graffiti, die die Gäste
im Laufe der Jahre hinterlassen hatten. Die Kritze-
leien waren so reichlich und fröhlich künstlerisch, daß
das Ganze wie ein endloses Jackson-Pollock-Gemälde
wirkte. Ein Trio sehr begabter Musiker ging durch den
Raum, und als sie hörten, daß ich kubanische Musik
gern mochte, gaben sie ein ausgedehntes Konzert,
und ich sang bei manchen Liedern mit. Aber als ich sie
um eines meiner Lieblingslieder bat, »Cu-cu-ru-cu-cu
Paloma«, da protestierten sie: »Oh, Señor, das ist ein
mexikanisches Lied«, also sagte ich: »Gut, dann spielen Sie mir Ihr bestes kubanisches«, und stolz stellten
sie mir eines ihrer klassischen Lieder vor.

Die Haupteinkaufsstraße, Galiano, war lange be-
rühmt für ihre eleganten kleinen Geschäfte und die
belebten großen Kaufhäuser. Wie in der Zeit, als
meine Romanfiguren jung waren, war es gedrängt
voll, und ich dachte: »Also, den Handel hat der Kommunismus jedenfalls nicht beeinträchtigt«, doch bald
wurde offenbar, daß die meisten Frauen in einer
Schlange vor einem Geschäft für Damenschuhe standen. Ich fragte eine von ihnen, was sie dort tue, und
sie sagte: »Wenn man eine Schlange sieht, dann stellt
man sich an. Es heißt, sie hätten nur drei Größen,

aber das macht nichts, wenn sie meine Größe nicht haben, kaufe ich trotzdem ein Paar und verkaufe es an eine Freundin.«

Wir bogen um die Ecke in die Straße San Rafael, die viele Galiano vorzogen, auch ich fand es dort lebhafter. Wir gingen in das Kaufhaus Fin del Siglo (Jahrhundertende), das die Kubanerinnen so liebten – es wurde irgendwann in den achtziger Jahren des vergangenen Jahrhunderts gegründet –, und ein Blick in das traurige Innere überzeugte mich von meinem Irrtum. Dieses vornehme Geschäft, einst mit Waren aus aller Herren Länder gefüllt, wies im Erdgeschoß wohl drei Dutzend Einzelstände auf, davon zwei Drittel ohne Bedienung, weil es überhaupt nichts zu verkaufen gab, und die, die Waren anboten, hatten nur einen Artikel, oft in geringem Vorrat und auf wenige Größen beschränkt. Ein Kubaner, der bei mir war, sagte:»Lassen Sie sich nicht erzählen, das amerikanische Embargo brächte nichts zustande. Es würgt den Zustrom unserer Konsumgüter ab.«

Der Anblick der leeren trostlosen Läden in Havanna war entmutigend, und entsetzt war ich, als mir jemand zuflüsterte:»In den letzten sechs Monaten kein Toilettenpapier. Ebensolange keine Zahnpasta. Keinerlei Kosmetika für die Frauen, seit anderthalb Jahren.« Als das so weiterging, machte mich das ganz krank, ich erinnerte mich an die begrenzte Speisekarte in *La Bodeguita*: eine Scheibe fettes Schweinefleisch, an Gemüse nur ein paar Mohrrüben und gebackene Plantainbananen, ein müdes Hühnerbein, aber reichlich Reis und schwarze Bohnen, »Moros y

Cristianos« nannten sie sie, Mauren und Christen. Ich
dachte: »Wie ungerecht das ist. Einen halben Tag
Schiffsreise entfernt gibt es in Florida tonnenweise fri-
sches Gemüse.« Ich betrachtete die liebenswürdigen
Kubaner jetzt mit anderen Augen: »Wie können sie ein
Regime ertragen, das ihnen so wenig bietet? Wie können sie so freundlich zu mir sein, wenn sie wissen, daß
ich der amerikanische Feind bin, der verhindert, daß
Waren in ihr Land kommen?« Und dann brummte ich:
»Aber Castro hat das selbst verursacht.« Danach die
quälende Frage: »Aber stand er unter Druck von uns,
als er diese Entscheidung traf?«

Die frühere brasilianische Botschaft.

Wenn ich die Amerikanische Vertretung verließ oder zu ihr zurückkehrte, mußte ich an den verfallenen Villen von Cubanacán vorbeifahren, und ein majestätisches Gebäude fesselte meine Aufmerksamkeit. Es war ein großer Komplex von allmählich verblassender Schönheit, er erinnerte an die achtziger Jahre des vergangenen Jahrhunderts, und ich wollte ihn gern genauer ansehen, doch der Fahrweg war mit einer Kette versperrt, und ein riesiges Schild warnte Fremde, näher zu kommen. Aber zu meinem Glück erfuhr ich, daß Betsy Taylor, die Frau des US-Geschäftsträgers, sehr gern hierherkam. Sie bot mir ihre Hilfe an, das Haus sei die ehemalige brasilianische Botschaft, und sie würde sie mir gern zeigen.

Als wir uns an der Kette vorbeischoben und zum Haus hinaufgingen, trafen wir auf zwei Arbeiter, die irgend etwas saubermachten, und ich erwartete, daß sie mich rausschmeißen würden, aber als ich zu ihnen sagte: »Yo soy amigo de Cuba. Tengo un gran interés en su historia«, da waren sie gleich hilfsbereit, und bald war ich in einem Patio, wie ich nie zuvor einen gesehen hatte. Er war an vier Seiten von vielleicht dreißig herrlichen Säulen umstanden, jede aus einem anders gefärbten Marmor. Trotz des Verfalls, oder gerade deswegen – es war ein Patio zum Träumen.

Das Innere der Villa, in der alles bröckelte und bald zusammenfallen würde, war von großer Pracht. Im Speisezimmer bedeckte ein umlaufendes Gemälde die hohen Wände, das Taten und Erlebnisse des Kolum-

bus darstellte, und Kings rief aus: »Das sollten sie restaurieren, und sei es nur für die Feiern 1992.« Aber es war schon zu sehr zerstört. Einer der Arbeiter erzählte mir: »Letztes Jahr kamen Fachleute aus Brasilien und sagten, für eine Million Dollar könne man das Botschaftsgebäude restaurieren, aber als unsere Leute genaue Schätzungen vornahmen, da waren es drei Millionen. Die Brasilianer beschlossen, sich nicht mehr darum zu kümmern.«

Ein Haus in diesem Zustand zwischen Verfall und möglicher Rettung hatte ich noch nicht gesehen, und später dachte ich darüber nach: »Castro hat recht. Laß die Vergangenheit ihre Toten begraben. Lieber die Arbeit von heute tun.« Aber dann erinnerte ich mich an die vielen Handwerker in Rußland, die Engel aus Gips modellierten und alte Farbkombinationen neu anmischten. Jahr für Jahr arbeiteten sie an der Restaurierung von Palästen, die im Zweiten Weltkrieg von Deutschland bombardiert worden waren, denn wenn die Kommunisten auch die Besitzer dieser Paläste bekämpft hatten, begriffen sie doch, daß diese Gebäude Teil der russischen Geschichte waren und es verdienten, erhalten zu werden. Wäre ich Castro vor zwanzig Jahren gewesen, hätte ich die brasilianische Botschaft gerettet, als ein Zeugnis der kubanischen Geschichte. Jetzt ist es zu spät.

Besuch in einem Hochzeitspalast.

Ich war jetzt soweit, mich auf meine beiden Probleme zu konzentrieren, das Haus und die Plantage, doch inzwischen war mir klar, daß ich eigentlich zwei Häuser brauchte, also fragte ich Professor Otero: »Wo könnte meine Roman-Familie 1920 gelebt haben? Und wo 1959? Und wo war ihre Zuckerplantage, in deren Ruinen ihre Nachkommen heute leben?« Er antwortete mir: »Sehen wir uns zuerst das Haus von 1959 an«, und führte mich in einen reizvollen Stadtteil, wo ich das entdeckte, was ich suchte. Ich stieg schnell aus dem Auto und erklomm eine leichte Anhöhe: Was ich für das typische Haus eines Geschäftsmannes gehalten hatte, hatte tatsächlich einst einem reichen Zuckerbaron gehört, aber Castro hatte eine Halle für das Volk daraus gemacht, junge Paare konnten hier, gegen eine geringe Gebühr, heiraten. Auf dem Weg zum Haus konnte man in die richtige Stimmung kommen, mit zwei hübschen nackten Marmorstatuen, aber leider waren beide weiblichen Geschlechts. Drinnen war es besser, an der Decke des Hochzeitspalastes befand sich ein schönes Gemälde, das zwei nackte Liebende auf durchsichtigen Wolken schwebend zeigte, aber ein Mann in unserer Gruppe war ziemlich sicher, daß das, was ich für den Mann hielt, in Wirklichkeit auch wieder eine Frau war, und ich sagte weiter nichts dazu.

Statt dessen folgte ich einem attraktiven jungen Paar, das mit seinen Freunden gekommen war, um zu heiraten; die Trauung wurde von einem Standesbeamten vollzogen. Ein Mann flüsterte: »Wie grausam. Sie

werden um vier Uhr nachmittags getraut, dann haben
sie eine Art Flitterwochen, das heißt, sie gehen im
Garten hier spazieren, aber dann trennen sie sich, er
geht in die Wohnung seiner Eltern, sie zu ihren, denn
es kann sechs oder sieben Jahre dauern, bevor sie eine
eigene Wohnung finden.«

Ich finde mein Haus in El Cerro

Eines Morgens sagte Otero zu mir: »Vergangene Nacht habe ich viel darüber nachgedacht, wo Ihr Haus von 1920 gewesen sein könnte. Ich fand nichts; denn ich verstand, daß Sie etwas Besonderes und etwas Kubanisches haben wollten. Aber heute morgen beim Frühstück hatte ich eine Idee. Wir fahren nach El Cerro.« Ich sagte: »Bei all meiner Lektüre habe ich nicht entdeckt, daß Havanna einen Hügel hat«, das bedeutet ›cerro‹ nämlich. Er lachte leise: »Eine leichtere Erhebung im Südwesten der Altstadt ... aber wunderbar kühl, damals, als es noch keine Klimaanlage gab.«

Auf der Fahrt erklärte er mir: »Am Ende des vergangenen Jahrhunderts hatten reiche Familien ein großes Haus in der Stadt und eine Art Landsitz in El Cerro. Sie gaben wahnsinnig viel Geld aus, um aus ihren Sommerhäusern Kunstwerke zu machen. So wie in der Straße da vor Ihnen!« Ich sah nach vorn und erblickte ein architektonisches Wunder: eine ziemlich breite Straße, gesäumt von luxuriösen Häusern, vor jedem Haus sechs, acht oder zehn schöne Steinsäulen,

wie bei einem griechischen Tempel, eine endlose Ko-
lonnade aus Säulen von verschiedenem Material und
Stil.

Was die Szene bedeutsam machte und was ich für
meine Geschichte brauchte, war die Tatsache, daß hinter den schönen Fassaden einige der Häuser gänzlich
verfallen waren. Nur noch das Mauerwerk existierte,
und als ich sechs prachtvolle griechische Säulen betrachtete, die eine nicht mehr existierende Villa ver-
bargen, erklärte mir mein bewanderter Führer in ele-
gischem Ton: »Im Laufe der Jahrhunderte ging es
bergab. In den zwanziger Jahren standen diese Häuser
in voller Blüte. In den dreißiger Jahren beginnen die
reichen Familien auszuziehen. In den Vierzigern kommen Leute, die sich die Häuser nicht leisten können,

der Ruin beginnt. In den fünfziger Jahren ziehen zehn
Familien in jede Villa, sie zahlen keine Miete und bringen alles durcheinander. In den Sechzigern, in den ersten Jahren der Revolution, ist Wohnraum knapp, also
ziehen noch mehr ein, der Verfall beschleunigt sich. In
den siebziger Jahren beginnen die schwächsten einzu-
stürzen. In den Achtzigern sind viele nicht mehr zu
retten.« Das war genau die Geschichte, die ich haben
wollte, ich wollte sie nicht erzählen, aber sie war not-
wendig als Voraussetzung. Ich war außerordentlich beeindruckt von dem, was ich sah, es übertraf all meine
Erwartungen.

Die kämpfenden Schwäne von El Cerro.

Doch dann geschah etwas Seltsames. Als ich die
Straße hinunterging, das Auto folgte mir, da stieß ich
auf eben das Haus, das ich für meine Familie in den
zwanziger Jahren haben wollte, sehr kubanisch, etwas
Außergewöhnliches und überhaupt keine Ruine. Was
es so besonders machte, war die Fassade, die mit vier
Dutzend gußeisernen Schwänen geschmückt war, jeder schmal und groß, den langen Hals herabgeneigt
und in tödlichen Kampf verstrickt mit einer bösen
Schlange, die sich an ihm heraufwand, um ihre Fang-
zähne in ihn zu schlagen. Die hell bemalte Reihe von
Schwänen, Flügel an Flügel, war ein aufregendes Bild.
   Meine Suche nach einem Háus war zu Ende. »Das
ist es!« rief ich. Ich konnte mir vorstellen, wie meine
Figuren darin lebten. Ich freute mich so über meine

Entdeckung, daß ich zur Tür ging und laut klopfte; was dann kam, übertraf all meine Vorstellungen. Der Kubaner, der mich einließ, war ein großer, dünner Mann in den Fünfzigern mit einem äußerst gewinnenden Lächeln, er war nackt bis zur Taille. »Soy norteamericano con un gran interés en su casa«, sagte ich, und er griff nach seinem Hemd. »¡Venga, venga!«, und er führte mich in ein dunkles und ernstes Zauberland, in Räume voller Spinnweben und unheilverkündender Schatten. Allmählich konnte ich im Dunkeln erkennen, daß die Decke im Erdgeschoß entfernt war, und ich vermutete, das hieß, das Haus war zur Ruine verfallen, mit Ausnahme des Portikus mit den Schwänen. Doch dann sah ich aus dem Schatten große Fässer aufragen, Eichenfässer, mehrere Meter hoch, und ungezählte kleinere entlang den Wänden.

»Schmuggelgut?« fragte ich, und seine Antwort war schroff: »¡No! ¡No! La famosa Destilería Bocoy, ¡ron!« Das war es also, eine Rumbrennerei, die einer der großen Firmen gehörte und die hier untergebracht war, vielleicht weil in dieser Gegend die Mieten niedrig waren. Das Ganze erinnerte mich an Stiche von Piranesi; unheimlich, nur eine einzelne nackte Glühbirne in der Ferne, und als wir in die Winkel und Nischen hineinsahen, erzählte mir mein Führer, wie alt die verschiedenen Fässer waren, allein ihr Holz war ein kleines Vermögen wert, und ich erfuhr auch das Alter ihres Inhalts. Als wir in das Büro des Betriebsleiters kamen, wartete noch eine Überraschung auf mich, er entschuldigte sich, dann kam er stolz zurück, die Hände auf dem Rücken. Er schätzte offensichtlich den seltsa-

men Besuch, war aber doch fast etwas verlegen, als er
einen kleinen Pappkarton zum Vorschein brachte, der
wie eine Piraten-Schatzkiste geformt war, und auf einem Schildchen stand »La Isla del Tesoro« (Schatzin-
sel). »¡Abretele!« rief er, als wäre es ein Weihnachts-
geschenk, und als ich es öffnete, fand ich eine große
Flasche mit in Kuba destilliertem Rum, einem der be-

sten. »Wir machen jedes Jahr etwas davon«, sagte er. »Geschenke für wichtige Leute wie Generäle.« Er lachte und fügte hinzu: »Heute sind Sie ein General.«

Angenehme Erfahrungen

Eines Nachts im Bett sagte ich zu mir: »Vorsicht, Michener. Drei Tage lang sind dir die Menschen hier freundlich entgegengekommen, einem Amerikaner, der etwas Spanisch kann und sich für alles mögliche interessiert. Aber das ist nicht die ganze Geschichte. Denk an die Berichte über Gefangenenlager, in denen Menschen unter qualvollen Bedingungen über Jahrzehnte festgehalten wurden. Furchtbar. Erinnere dich, was du von unserer Regierung über Castros unerschütterliche Feindschaft uns gegenüber gehört hast, denk an die mündlichen Berichte, die du bei deinen verschiedenen Tätigkeiten in Washington bekommen hast. Dies ist feindliches Territorium. Laß dich nicht täuschen.«

Der nächste Tag war angefüllt mit diesen angenehmen Erfahrungen, die dem Reisenden so viel Vergnügen bereiten. Wir fuhren eine enge Straße hinunter, ich bat anzuhalten, und unangekündigt gingen wir in ein großes ehemaliges Kloster, ich weiß nicht mehr, ob für Männer oder für Frauen. Es wurde gerade umgebaut, ein kostspieliges Unternehmen, denn es war so riesig, daß ich mir nicht vorstellen konnte, wofür man es nach der Renovierung benutzen wollte. Es hatte nicht nur einen zentralen Innenhof, sondern drei, der erste, so schien es mir, größer als ein Fußballfeld, dann eine leere, kahle Kirche, in die tausend Menschen hineinpassen würden. Wie ich erfuhr, hatte man sie als Getreidespeicher benutzt, aber ich konnte nicht in Erfahrung bringen, was man in Zukunft mit ihr anfangen wollte, nichts deutete darauf hin, daß es wieder eine Kirche werden würde. Doch was auch immer, ich war froh, daß ein bemerkenswertes altes Gebäude wieder benutzt werden sollte.

Besuch bei einem kubanischen Schriftsteller.

Als ich gefragt wurde: »Wen möchten Sie gern treffen in Havanna?« sagte ich natürlich: »Castro«, aber da hieß es: »Unmöglich. Wen sonst?« Ich: »Sie haben einen großartigen Romanautor, Alejo Carpentier. Ihm würde ich gern meine Aufwartung machen.«

Ich erfuhr: »Er ist vor einigen Jahren gestorben, aber es gibt ein kleines Museum, das an ihn und sein Werk erinnert.« Wir gingen also hin. Es war eine schöne Gedenkstätte, und sie ließ etwas von seinem mitreißenden Geist ahnen. Carpentier war ein begabter Schriftsteller, der während der Diktatur Batistas nach Venezuela floh und dort weiter Romane schrieb, gelehrte Werke von explosiver Sprachgewalt. Als Castros Revolution siegte, kehrte er nach Kuba zurück

und nahm dort eine führende Position auf künstlerischem und geistigem Gebiet ein.

Bei meinen Reisen durch die Karibik hatte ich oft von ihm gehört; die, die für den Kommunismus waren, priesen ihn, die anderen machten ihn schlecht, aber da ich nichts von ihm gelesen hatte, konnte ich mir keine eigene Meinung bilden. Doch ein seltsamer Zufall brachte mich ihm nahe. Ich recherchierte für meinen Roman auf Guadeloupe und versuchte erfolglos etwas über einen mörderischen Schurken herauszubekommen, einen gewissen Victor Hugues, der auf dem Höhepunkt der Französischen Revolution eine Guillotine auf die Insel mitbrachte und schrecklichen Gebrauch von ihr machte. Ich war ganz niedergeschlagen und grübelte über das Problem nach, als ein Franzose mir erzählte: »Der Kubaner Carpentier hat einen ganzen Roman über Hugues geschrieben. Er heißt *Explosion in der Kathedrale*. Das Buch lohnt sich, Sie werden sehen.«

Es lohnte sich wirklich, und ich schätzte das Buch so sehr, daß ich das Haus sehen wollte, das darin vorkommt. Ich hoffte auch, eine winzige Vorstellung davon zu erhaschen, was für ein Mensch der Autor war. Das kleine Museum war eine Kostbarkeit, ein sehr schöner Innenhof, um ihn herum die Räume, in denen Carpentier gearbeitet hatte. An einer ganzen Wand waren seine Hauptwerke unter Glas ausgestellt, darunter ein früher Druck des Romans, der mir so viel bedeutet hatte. Meine Darstellung des Massenmörders Hugues würde sich radikal von seiner unterscheiden, aber wie er die Geschichte dieses Mannes aufge-

spürt hatte, vor dieser Arbeit hattc ich Respekt. Im
Museum bekommt man einen starken Eindruck vom
Romanautor und dem revolutionären Patrioten, der
er war, denn er bekleidete wichtige Positionen in Castros Regierung.

Von besonderem Interesse war für mich, daß Car-
pentiers Witwe die postumen Tantiemen seiner Bücher
dazu verwendet hat, die Erinnerung an den Autor
wachzuhalten. Es ist ein kleines Museum, nur ein ein-
ziger Raum, aber es besingt Kuba und die Liebe.

Besuch bei einem amerikanischen Schriftsteller.

Von da aus fuhren wir aufs Land in den Osten von Havanna, um einem ganz anderen Schriftsteller die Ehre
zu erweisen, dessen Andenken in einer ganz anderen
Art Museum bewahrt wird. La Vigía, das Landhaus, in
dem Ernest Hemingway während seiner Kubaaufent-
halte lebte, befindet sich innerhalb einer weiträumi-
gen Finca, einem Landgut, ein sehr beeindruckender
Besitz. Es ist ein schön gebautes Haus, eines, wie man
es in den Tropen hat, mit großzügig geschnittenen, in-
einandergehenden Räumen, und es wird unterhalten,
als wäre sein Besitzer vor ein paar Minuten nach Havanna gefahren, um sich mit Freunden in der *Bodeguita del Medio* zu treffen. Welchen Raum man auch
betritt, überall findet man den Geist Hemingways: an
seinem Schreibtisch bei der Arbeit; im Bett, wie er
Zeitschriften liest; in seinem Ankleidezimmer vor der
Entscheidung, welches der sechzehn Paar Schuhe er

anziehen soll; wie er zurückgezogen klassische Musik hört; im Trophäen-Raum, bewacht von afrikanischen Tieren; oder in seinem großen Wohnzimmer, mit dem Plakat, das einen Stierkampf mit Domingo Ortega als Matador ankündigt.

Das Haus, um das sich eine ausgebildete Kustorin kümmert, Señora Gladys Rodríguez, ist eine Schatzkammer, in jeder Ecke vollgestopft mit Büchern, die er aus allen Interessengebieten sammelte. Bücher verderben ohne Schutz vor Feuchtigkeit und Insekten in diesem Klima schnell, und man fragt sich, ob es Sinn hat, so viele hier aufzubewahren, wenn ihr Schutz so kostspielig ist. Sie sind eindrucksvoll, zweifellos, aber sollte man ihre Titel nicht lieber im Computer speichern, wo man sie dann einsehen könnte?

Das Gelände von La Vigía ist ebenso interessant wie das Haus, und es ruft ebenso Erinnerungen an Hemingway wach: ein riesiger Swimming-pool, ein hoher viereckiger Turm, der eine Wohnung für sich ist, Gästehaus, Garage, Tennisplatz, und, imponierend in seiner Größe, das berühmte Boot *Pilar*, innerhalb einer gewaltigen Stahlträger-Konstruktion, die Tausende von Dollar gekostet haben muß. Ich hatte das traurige Gefühl, daß die Leute, die sich abmühten, den ganzen Komplex am Leben zu erhalten, sich viel zuviel vorgenommen hatten. Der Verfall kann bald einsetzen, in den Tropen geht das schnell, aber ich verstehe nicht genug davon, um sagen zu können, was man wie bewahren sollte.

Jerry Scott, der mich begleitete, ist ein treuer Hemingway-Fan. »Stellen Sie sich vor, was passiert, wenn

wieder Touristenschiffe nach Havanna kommen! Ein
Landausflug zum Hemingway-Museum wird jedesmal
die Attraktion sein, zwei Dollar pro Kopf, wir könnten
ein Vermögen machen.« Dann streicht er sich den
Bart: »Wenn Sie an die erzielten Preise bei der Andy-
Warhol-Versteigerung denken, können Sie sich vor-
stellen, was der Inhalt von diesem Hemingway-Haus
bringen würde? Seine Gewehre. Seine afrikanischen
Stiefel. Die Bücher mit seinen Anmerkungen. Seine
Stierkampfplakate. Sein Schreibtisch. Seine Stühle.
Sein Fischerboot. Wir hüten hier ein Vermögen, und
falls die Beziehungen zwischen unseren Ländern jemals wieder normal werden, wird jeder Tourist aus
Amerika oder Europa oder Asien, der etwas auf sich
hält, hierher kommen, um zu sehen, wie der große
Mann gelebt hat.« Dann sagte er traurig: »Ich würde
gern einen Weg finden, den Ort in anständigem Zustand zu erhalten bis zu dem Tag, an dem Amerikaner
wieder etwas davon haben können. Hemingway ver-
dient das von seinen Freunden.«

Kaffee oder Zucker?

Am nächsten Tag organisierte Scott einen Ausflug zu meinem letzten Ziel, und wir hatten dafür die fachkundige Führung von Professor Manuel Moreno Fraginals, Autor einer weitbekannten Geschichte der kubanischen Zuckerindustrie. Bei der Zusammenarbeit mit diesen kubanischen Gelehrten – und einige, wie Fraginals, sind in der Tat gelehrt – bemerkte ich einen Unterschied zu uns. Bei uns in den Staaten sagt man »ein Professor von Cornell«, oder woher auch immer, aber in Kuba hieß es einfach »Professor für Medizin«, und seine akademische Zugehörigkeit und ob er überhaupt eine hatte blieb unbekannt. Zu Beginn überraschte er mich, indem er sagte: »Wir fahren zu einer schönen Zuckerfabrik in Artemisa, eine Stadt westlich von hier, und da finden Sie genau das, was Sie wollen. Komplette Anlage in Betrieb, Zuckermühle und alles; aber ich habe den Verdacht, das, was Sie wirklich wollen, auch wenn Sie es vielleicht nicht wissen, ist eine wundervolle alte Kaffeeplantage, die seit ungefähr 1910 nicht mehr in Betrieb ist.«

Ich war ärgerlich, das schien mir eine unsinnige Abweichung von dem vernünftigen Plan zu sein, auf den wir uns geeinigt hatten. Ich wollte eine Zuckerplantage sehen, und Moreno Fraginals war ein Experte, warum also seine und meine Zeit verschwenden? Aber er blieb hartnäckig und führte mich zu den imposanten Ruinen einer einst mächtigen Kaffeeplantage westlich von Havanna. Wir fuhren von der Hauptstraße in südlicher Richtung einen hier und da von Bäumen gesäumten Feldweg entlang. Und dann ein erstaunlicher Anblick: eine weiße Marmorstatue der Fruchtbarkeitsgöttin Artemis, die die Ruinen eines Herrenhauses aus dem frühen 19. Jahrhundert bewacht, als die Insel noch den Spaniern gehörte. Das Haus war von überwältigender Größe, alle vier Mauern standen noch, begannen aber zu verfallen. Das Dach war nicht mehr da, selbst die Fensterrahmen waren herausgeschlagen, es herrschte eine unermeßliche Einsamkeit. Ich saß zwischen den Ruinen und versuchte mir vorzustellen, wie das Leben in solch einem Palast ausgesehen hatte. Ich sah einen ergrauten Veteranen der Kaffeekriege vor mir, der die lästigen Regierungsagenten abwehrte, die von Madrid ausgesandt wurden, ein klägliches Los; ohne Zweifel teilte er sein Haus mit fünf oder sechs seiner Kinder und deren Familien. Sie müssen wenigstens 30 Diener allein für das Haus gehabt haben, ungefähr 100 für die Parkanlagen, und bis zu 600 Sklaven irgendwo verborgen.

Ich hätte drei Tage hier verbringen können, in diesem Refugium einer vergangenen Ära. Ich konnte ungefähr einschätzen, wie solch eine Pflanzung in Be-

trieb gehalten wurde, aber trotzdem standen mir einige Erschütterungen bevor, denn bis zu diesem Augenblick hatte ich nur die Wohnquartiere gesehen. Als
ich die Ruinen verließ und einem Bächlein in niedri-
ger gelegenes Gebiet folgte, gelangte ich zu fünf oder
sechs gigantischen unterirdischen Zisternen, in denen
die Wasservorräte gesammelt wurden, Wasser, das
man bei der Verarbeitung von Kaffeebohnen
brauchte; es war wie eine Szene bei Dante. Aber erst
als ich aus den Zisternen auf das Plateau weiter oben
kletterte, stieß ich auf das herausragende Faktum in
dem ganzen Unternehmen: das riesige eingezäunte

Gebiet, in dem die Sklaven gehalten worden waren, so
groß wie fünf oder sech Fußballfelder. Ein Blick darauf sagte einem, was man über den Anbau von Kaffee
wissen mußte. Der traurige Ort, ein *barracón*, wie
man das nennt, hatte nur ein einziges Tor, daneben erhob sich ein großer steinerner Turm, in dem Männer
mit Gewehren Tag und Nacht auf irgendein Zeichen
beginnender Rebellion warteten. Als ich mir Notizen
machte in diesem vergessenen Winkel von einer Kaf-
feepflanzung, die wahrscheinlich irgendwann um die
Jahrhundertwende zu Zucker übergegangen war,
dachte ich bei mir: »Du hast recht daran getan, all die
Dinge in gelehrten Büchern zu studieren. Die Details
stimmen. Aber den Kern der Sache hast du gänzlich
verfehlt. Die unermeßliche Größe des Hauses, das
Gespenstische der Zisternen, die grausame Strenge
des Wachturms, die furchtbare Bedrohlichkeit dieses
barracón mit seinem Eisentor. Zwei Jahre vergeb-
liches Bemühen, hierherzukommen, haben sich ge-
lohnt. Das Schreiben kann keine Bedeutung reflektie-
ren, wenn die wesentlichen Bilder fehlen.«

Ich finde meine Plantage.

Aber immer noch fehlten mir meine Zuckerpflanzung
und die Mühle, und da das moderne Kuba weitgehend
vom Zucker lebt – und das auch den größten Teil des
Jahrhunderts getan hat –, hielt ich es für wesentlich,
solch einen Betrieb zu sehen. »Wir fahren nach Artemisa«, sagte Moreno Fraginals, »ein hervorragendes

Beispiel für die Art, wie wir die Dinge heute machen.«
Und als wir dieses hübsche Landstädtchen erreichten,
fand ich dort all die Bilder, die ich gesucht hatte. Hier
waren die wogenden grünen Felder mit reifendem
Zuckerrohr, die primitiven Pfade, auf denen Trakto-
ren das Zuckerrohr zur Mühle beförderten, die großen
Gebäude, wo das Rohr zerquetscht wurde. Die Zuk-
kermühle arbeitete im Augenblick nicht, die Saison
für das Zermahlen des Marks begann erst nach Neu-
jahr, aber etliche Mechaniker waren damit beschäftigt,
die Maschinen für die Zeit ihrer Dauerbelastung in-
stand zu setzen. Ich war erstaunt, wie viel schweres
Gerät erforderlich war, um ein Stück saftiges grünes
Rohr in einen Löffel weißen Zuckers zu verwandeln.
Dies war das Herz Kubas, wie es mit dem Zucker ging,
ging es mit der kubanischen Wirtschaft. Einer der Arbeiter erklärte: »Wenn die Sowjetunion uns den Zuk-
ker nicht mehr für drei Cents über dem Weltpreis ab-
kaufen würde, wären wir in bösen Schwierigkeiten.«

Ich hatte einmal in Greeley, Colorado, in der Nähe
einer Rübenzucker-Mühle gearbeitet, daher kannte
ich das Verfahren und den gesunden, erdigen Geruch
des Zuckerextraktes. Ich fragte: »Was machen Sie in
Kuba mit der Bagasse?« Das ist der faserige Rück-
stand beim Auspressen des Zuckerrohrs. Sie sagten:
»Wir versuchen viele Dinge daraus zu machen ...
Hartfaserplatte ... Holzimitation.« Als ich fragte, ob
sie die Bagasse auch an ihre Tiere verfütterten, lachten
sie über die Idee, und ich erklärte ihnen, wie wir es
mit den Zuckerrüben machen – ein heikles Thema,
denn die Rüben, leicht anzubauen, zu ernten und zu

verarbeiten, sind eine bedrohliche Konkurrenz für das
Zuckerrohr. Wir mischten das trockene Mark mit der
Melasse, die beim Raffinieren zurückbleibt, und
machten das beste Viehfutter daraus. »Die jungen
Ochsen in den Cowboyfilmen sind alle mit Rübenzuk-
ker-Bagasse gefüttert.« Sie hielten das für so bemer-
kenswert, daß ich zu fragen vergaß, ob Vieh auch
Rohrzucker-Bagasse fressen würde. Wie schon vorher
waren die Arbeiter fast froh, einen Amerikaner zu sehen, und ich unterhielt mich ausführlich über Zucker
mit einem gutaussehenden Mann in blauer Arbeits-
kleidung, der der Leiter des Betriebs zu sein schien.
Aber als ich ihn schließlich fragte, ob wir ihn fotografieren könnten, rief er hastig einen älteren Mann herbei und fragte, ob das erlaubt wäre, und ich vermutete, daß dieser Mann, der während unseres Besuches
so unauffällig wirkte, der Leiter der Gruppe war. Er
sah mich einige Momente prüfend an, blickte unsicher
auf die Kamera und sagte dann mit verhaltenem Lächeln: »¡Porqué no?« (Warum nicht?), und Kings und
Scott machten eine Reihe von Aufnahmen.

Während ich mich weiter unterhielt, entdeckte
Kings einen Arbeiter mit einem sehr großen Bauch,
den kein Hemd versteckte. Er stellte sich als jovialer
Sancho-Pansa-Typ heraus und redete in seiner robu-
sten Art über die Zuckerindustrie, von der er immer
ein Teil gewesen war. Sein Humor war ansteckend,
und er redete mit den Händen, um seine Argumente
zu unterstreichen. Es war eine Ehre für mich, mit ihm
zusammenzusein, er seinerseits fand Gefallen an dem
neugierigen Amerikaner. Ich fragte ihn nach seinem

Namen, er sagte ihn mir und fragte nach meinem. Ich wollte erst korrekt »Jaime« sagen, doch dann dachte ich, es wäre passender, die alte biblische Version zu nehmen: »Yo soy Santiago.« Das gefiel ihm, das machte mich zu einem aus seiner Gruppe, und als ich schließlich wegfuhr von der Mühle, ganz überwältigt von den Bildern, die ich gesehen hatte, lief er hinter dem Wagen her und rief mir einen der freundlichsten Abschiedsgrüße nach, die ich je bekommen hatte:

»Hasta la vista mi amigo Santiago.«

Es war ein trauriger Aufbruch, und ich war ent-
täuscht; die Männer von der Zuckerplantage waren
zwar äußerst hilfsbereit gewesen, aber mir war klar ge-
worden, daß diese große Anlage mit dem vielen
Metall nicht in meine Geschichte passen würde. Die
Bilder waren zu fremd. Aber diese Kaffeeplantage!
Über die Ruinen dort konnte man so manches Kapitel
schreiben. Wie es Künstlern so oft passiert, ich hatte
nicht gewußt, was ich suchte, bis ich es fand.

Eine Pressekonferenz und eine Enthüllung.

Ich war nur sechs Tage in Havanna und sah nichts, das
mich berechtigen würde, Verallgemeinerndes über die
Politik, über Repressionen oder über die Beziehung
zwischen Kuba und den Vereinigten Staaten zu sagen.
Ich sah wenig vom Hinterland und nichts vom östli-
chen Teil der Insel, aber ich sah die Dinge, die ich
suchte: die Häuser und die Plantage, und sie riefen
neue Bilder in meinem Geist wach.

Ich erinnere mich an zwei andere Dinge. In Havanna entdeckte ich Scharen von ganz bezaubernden
Kindern, alle in Schuluniformen, so farbenprächtig,
daß sie wie eine Blumenwiese aussahen. Sie waren gut
ernährt und gut gekleidet und alle trugen Schuhe, sie
waren das Gesicht des Landes. Und voll Wagemut ver-
breitete Jerry Scott die Nachricht, daß am Abend vor
meiner Abreise eine Pressekonferenz stattfinden
würde, auf der ich Fragen beantworten wollte.

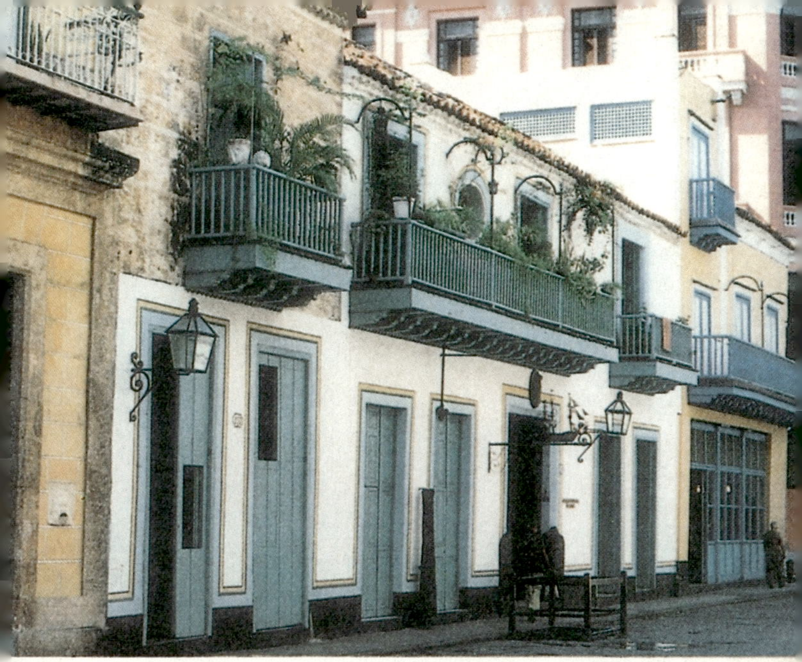

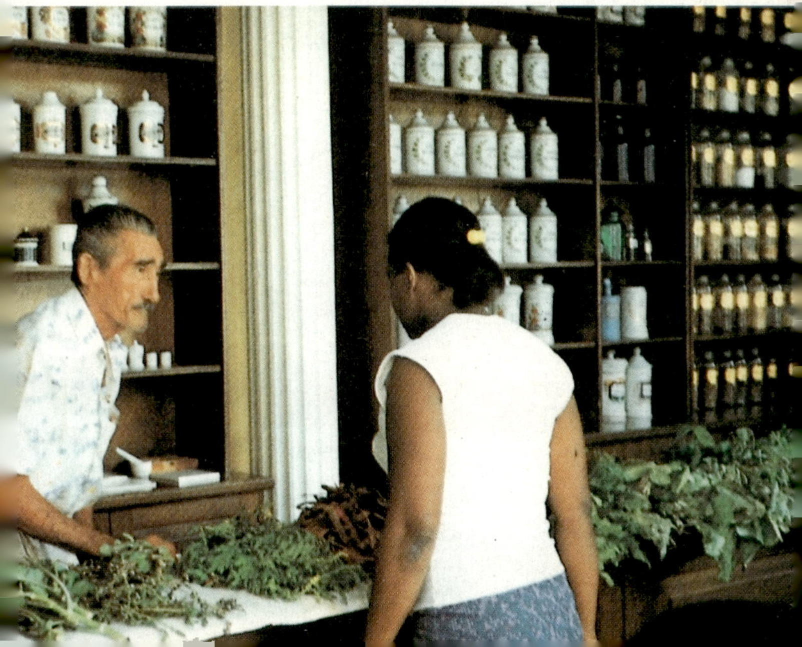

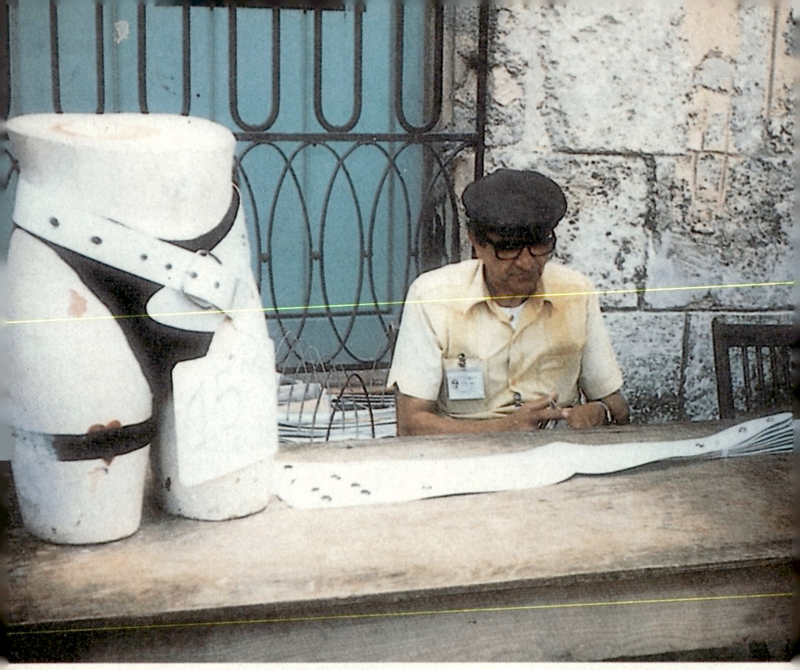

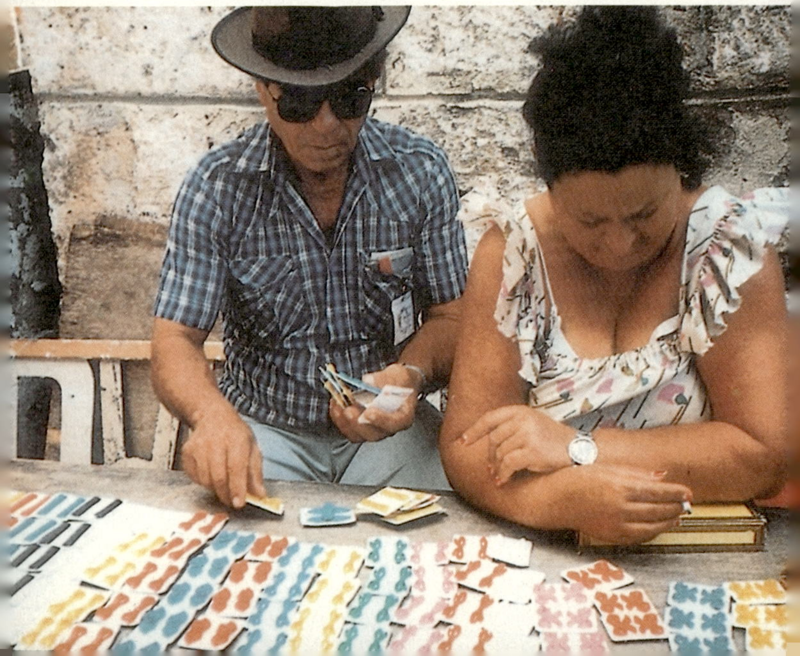

Wir waren etwas nervös, weil wir nicht wußten, ob Journalisten kommen oder von der Regierung überhaupt die Erlaubnis dazu erhalten würden, aber als ich Scotts Wohnung betrat, fand ich ungefähr zwei Dutzend junge Reporter vor, von verschiedenen Medien aus Kuba, Europa, selbst ein Pole war dabei. Wir redeten zwei Stunden miteinander, und als selbst diejenigen, die mir die Hölle heiß machen wollten, gesehen hatten, daß ich ihre Fragen mit der mir zu Gebote stehenden Intelligenz und Offenheit beantwortete, baten sie mich, sie zu befragen. Nach den zwei Stunden wollte keiner von uns gehen.

Sie erzählten mir: »Dies war seit Jahren die erste
ernsthafte Konferenz mit einem Amerikaner. Es war
ein Privileg für uns.« Ich erzählte ihnen: »Es sollte jeden Tag Pendelflugverkehr zwischen Miami und Havanna geben. Sie brauchen uns, und wir brauchen Sie.
Ich hoffe, es klappt noch vor dem Ende des Jahrhunderts, und jede Nation kann dabei ihre eigenen Interessen zu ihrer Zufriedenheit wahren.« Und einer flüsterte, als wir gingen: »Sie ahnen gar nicht, wie nervös
wir in dieser Zeit sind. Was passiert, wenn Glasnost in
der Sowjetunion wirklich ankommt und sie sich von

ihren Überseeabenteuern zurückziehen? Was ist dann mit uns?« Und ich dachte: »Ja, was?«

Damit fuhr ich zum Flughafen, und nur 38 Minuten später war ich in Miami und dachte: »So nahe, und es liegen Welten dazwischen!« Aber ich war zufrieden. Ich hatte meine Bilder bekommen und konnte jetzt mein Manuskript beenden.

Ein paar Tage später berichteten die Zeitungen in Miami, daß Sicherheitsbeamte neun Kubaner festgenommen hatten. Ihr Verbrechen? Sie hatten eine öffentliche Huldigung für Kubas großen Patrioten José Martí organisiert, dabei hatten sie Ausdrucksfreiheit für Künstler und Schriftsteller verlangt. Als Reaktion setzte die Regierung energische Gegenmaßnahmen gegen Künstler in Gang, die sich »abweichender Werke« schuldig gemacht hatten. Die Verhafteten wurden als »antisozial« verurteilt. Was mit ihnen im Gefängnis geschehen wird, ich weiß es nicht.

In Havanna

Von John Kings

Der am wenigsten wichtige Gegenstand, den ich für
unseren Kubabesuch einpackte, war die Kamera. Normalerweise nehme ich auf solch eine Reise einen sper-
rigen Apparat mit, mit Tele- und Weitwinkelobjektiv
und einem Objektiv für Nahaufnahmen von Doku-
menten, alten Fotografien usw., auf die James Michener später vielleicht zurückgreifen möchte. Wir haben
keine festen Regeln für die fotografische Berichter-
stattung, und ich lasse mich normalerweise nur von
dem Gefühl leiten, was später von Nutzen sein
könnte. Ich dokumentiere, stelle nichts dar, diese Me-
thode hat auf vielen Reisen gut funktioniert, seit unserer ersten Zusammenarbeit bei *Colorado Saga.*

Bei der Kubareise war alles anders. Man hatte mich
gewarnt, Fotografieren werde auf Castros Insel miß-
billigt, es sei unklug, um es vorsichtig auszudrücken,
mit einer offensichtlich professionellen Fotoausrü-
stung herumzulaufen, und ich würde nur Ärger bekommen. Also beschloß ich, die Sachen zu Hause zu
lassen. Abgesehen von allen sonstigen Erwägungen:
der Verschluß meiner Nikon klingt wie das Zuschnap-
pen einer Stahlfalle. Man kann es durch den ganzen
Raum hören, und ich hatte schon Visionen von
schwerbewaffneten Männern, die meine unschuldigen
Pläne zunichte machen würden. Ich verspürte nicht
den Wunsch, befragt zu werden, nicht weil ich eine
böse Absicht zu verbergen hätte, eher deshalb, weil es
Zeitverschwendung wäre bei einer ohnehin schon zu
kurzen Reise. So brauchte ich nicht lange zu überle-
gen und nahm die Ausrüstung nicht mit.

Statt dessen wählte ich eine kompakte 35-mm-Ka-

Vista de la Plaza vieja ó Mercado Principal de la Habana.

mera aus Deutschland, eine Balda CA 35, mit einem
scharfen f2.8/38-mm-Objektiv und einem Verschluß-
geräusch sanft wie ein Flüstern. Das Blitzgerät ließ ich
aus demselben Grund zu Hause wie die große Nikon.
Erregt alles zuviel Aufmerksamkeit. Ich war überzeugt, nur wenig Gelegenheit zu haben, selbst die
kleine Kamera benutzen zu können, und nahm nur
drei Rollen Filme mit, so wenig wie nie zuvor, wenn
ich mich in unbekanntes Gebiet wagte, ein Beweis,
daß das Fotografieren bei den Erwartungen für diese
Reise nur eine untergeordnete Rolle spielte.
   Der Rest der Geschichte ist aus dem Buch ersicht-
lich. Vom Augenblick der Ankunft an registrierten

meine Augen Bild auf Bild, das ich festhalten wollte. Ich verbrauchte die drei Rollen Film innerhalb der ersten beiden Stunden in der Altstadt, und, was noch überraschender war, niemand erhob Einwände, niemand folgte uns, es waren keine Soldaten an den Straßenecken, die die Gegend nach Fotografen absuchten; meine Ratgeber in Miami hatten sehr weit danebengetroffen. Meine einzige Befürchtung war jetzt, daß ich kein Filmmaterial kaufen könnte.

Ich hatte unrecht. Ein hilfreiches Mitglied unserer Gruppe bot mir sofort an, mich in ein nahe gelegenes Geschäft zu begleiten, und innerhalb von Minuten hatte ich einen Vorrat an Kodak- und Fuji-Filmen. Meine Aufregung war grenzenlos. Jetzt konnte ich nach Belieben Fotos machen, in einer Stadt, die offensichtlich zu den fotogensten der Welt gehört.

Havanna ist der Traum eines Fotografen, ein Traum von Licht und Schatten, von vollgestopften Straßen und Häusern, von strahlenden und verblaßten Farben, von sehr Altem und nicht mehr so Neuem, von Ausblicken auf Boulevard und Ozean, von Kontrasten, von Baufälligkeit und eleganter Restaurierung und vom stetigen Strom der Menschen. Es war faszinierend und herausfordernd, und die nächsten Tage bekam ich meinen Finger kaum vom Auslöser.

Die einzigen Begrenzungen lagen in der kurzen Zeitspanne unseres Besuchs und in den Erfordernissen unserer Recherchen. Wohin Michener sein Gefühl für Orte und Menschen auch führte, ich folgte ihm und machte Fotos davon. Eine zweite Gelegenheit gab es nicht, also machte ich Aufnahmen bei jedem Wetter, früh am Morgen und spät am Abend, drinnen und draußen. Nie konnte ich noch einmal zurückgehen für ein zweites Foto oder eine bestimmte Tageszeit aussuchen oder eine Gruppe zusammenstellen. Alles war unmittelbar und improvisiert. Zusammen fingen wir Havanna ein, so wie es war in den sechs Tagen, ohne etwas überzubetonen oder zu verzerren.

Vielleicht fahre ich eines Tages wieder hin, aber es wird ohne das Hochgefühl und die Überraschung sein, die sich beim ersten Besuch eingestellt haben. Und falls ich in glücklicheren Zeiten zurückkehre, glaube ich, ich lasse vielleicht trotzdem wieder meine ganze Ausrüstung zu Hause außer der kleinen Balda CA35.

Die Altstadt

Der alte spanische Kolonialkern von Havanna ist das Zentrum der ganzen Hauptstadt. Vieles ist rings umher gewachsen in den Jahrhunderten, seit es das Juwel Neu-Spaniens war, aber keine spätere Entwicklung hat Alt-Havanna etwas von seiner Bedeutung und seiner Verlockung nehmen können. Die Festung El Morro, die Höfe der Adelshäuser, die Ruhe und Kühle der großen Kathedrale, die weiten Plätze, auf die enge, kopfsteingepflasterte Straßen zulaufen, all das beschwört eher die Vision einer reichen kolonialen Vergangenheit herauf als irgendeine Verbindung mit der kommunistischen Gegenwart. Und doch ist es ein bedeutendes sichtbares Verbindungsglied zur Vergangenheit und als solches von der gegenwärtigen Regierung anerkannt. Unterstützt von Geldern aus Spanien und von der UNESCO, werden aufwendige Restaurierungsarbeiten durchgeführt an von Mauern umgebenen Klöstern und Palästen, an Häusern, die die Lebensweise und Gewohnheiten der Reichen und Armen verkörpern, und an der Festung La Fuerza, die

jetzt vom Land eingeschlossen ist, aber früher das
Meer beherrschte, das gegen ihre hochragenden Mauern schlug.

Die Altstadt ist ein reiches Gemisch faszinierender
Kolonialarchitektur Spaniens, so voller Anmut und
Stil, daß ihr in der Karibik nur das ummauerte Carta-
gena gleichkommt. Die Eingänge und Fresken, die
Balkone und Säulen und Höfe verbinden sich zu höch-
stem künstlerischen Ausdruck und reizvoller Eleganz.
Was man mit Stein und Meißel machen kann, ist getan
worden. Kein Wunder, daß dieses Gebiet zunehmend
eine Attraktion für Touristen wird.

Die Altstadt ist lebendige Erinnerung an eine große
Macht in der Neuen Welt. Spaniens Lizenz als Kolo-
nialmacht verlor schließlich ihre Gültigkeit, aber die
Größe des alten Havanna lebt weiter. Kuba ist deshalb
um so reicher, und wir wurden schnell Gefangene des
Zaubers seiner Hauptstadt.

Die Glanzzeit

Nach Spaniens Vorherrschaft über Kuba, am Ende des kurzen Spanisch-Amerikanischen Krieges 1898, begann ein neues Zeitalter der Eleganz, der großen Hotels, luxuriösen Yacht-Clubs, Kaufhäuser, Spielkasinos und üppigen Restaurants, und das bei einem fast unbegrenzten Zustrom amerikanischen Kapitals. Havanna wurde bald ein Mekka für die Betuchten aus drei Kontinenten – Nord- und Südamerika und Europa –, und seine sinnlichen Attraktionen lockten die Gelangweilten und Trägen herbei.

Schöne Parks und Denkmäler für Generäle und Patrioten entstanden, eine breite Promenade, der Malecón, führte am Meer entlang, überall Musikpodien und Straßenrestaurants. In Havannas Hafen schaukelten die vergoldeten Yachten und die Luxusdampfer, in seinem Opernhaus waren die großen Stimmen aus Paris, London und Mailand zu hören; in seinen Theatern wurden die führenden Schauspieler der großen Bühnen der Welt mit Beifall überschüttet.

Aber Reichtum war auch der Grund für architek-

tonische Geschmacklosigkeiten. Der Hauptfriedhof
strotzt vor Exzessen in dieser Hinsicht. Im Tod wie im
Leben wetteiferten die Reichen in monumentalem
Ausmaß um Unsterblichkeit. Havanna zog das Beste
und das Schlechteste gleichermaßen an. Es wurde als
das Freudenhaus von Amerika bekannt, aber es er-
warb sich auch einen Ruf als das Paris der Karibik. Es
war jedenfalls eine prachtvolle und genußfreudige
Stadt. Mein Schwager erzählte mir, er habe 1946 Havanna an Bord der USS Princeton besucht, damals einer der größten Flugzeugträger der Navy. »Wir konnten Havanna riechen, als wir noch viele, viele Meilen
entfernt waren. Ein Aroma aus Kaffee, Tabak, Zucker
und Rum, es war so stark, ich kann es immer noch riechen. Und als wir in die enge Einfahrt zwischen der
Stadt und der Morro-Festung hineinfuhren, war das
Wasser um uns herum übersät von Ruderbooten voll
von lärmenden Prostituierten!«

In dieser oder jener Gestalt blieb das freizügige, das
lasterhafte Havanna ungefähr 60 Jahre bestehen, bis
der Lauf der Geschichte sein Gesicht veränderte. Die
russischen U-Boote, die heute vorsichtig in den Hafen
hineinfahren, werden nicht auf die Art willkommen
geheißen wie mein Schwager. Die Stadt ist unzweideu-
tig puritanisch, und keine Brise trägt mehr das durch-
dringend süße Aroma aufs Meer hinaus.

Verblaßte Herrlichkeit

Es gibt mehrere unmittelbare Eindrücke aus dem heutigen Havanna. Die Stadt ist in der Tat allgemein ziemlich heruntergekommen und braucht dringend eine Renovierung. Aber, große Freude, keine Graffiti verunzieren die Mauern, außer gelegentlich Regierungs-Slogans, es gibt keine Parkuhren, keine Abfälle, man sieht keine Bettler oder Stadtstreicher, es gibt keine Belästigung, und auch Frauen allein sind sicher. Der Verkehr hat ungefähr das richtige Ausmaß für eine Stadt, wenn das auch an einem Mangel an Fahrzeugen liegt, und das Fahren hat den höchsten Standard, den ich in der Karibik gefunden habe, was auf die sehr schwierige Fahrprüfung zurückzuführen ist. Und niemand raucht Zigarren.

Letzteres hat mich überrascht. In sechs Tagen habe ich im ganzen fünf Leute Zigarren rauchen sehen. Vielleicht ist es wie mit dem Scotch in England in den mageren Zeiten nach dem Zweiten Weltkrieg, und die Hauptproduktion geht nach Übersee, um die dringend benötigten Devisen hereinzuholen. Was der Grund

auch sein mag, es kam wie ein Schock, obwohl die
Glut der Erinnerung an meine *Romeo y Julieta*-Zigar-
ren angenehm wiederentfacht wurde, als ich eine
kleine Dose davon kaufen und mit nach Miami nehmen konnte. Die US-Zollvorschriften besagen, daß
man eine vernünftige Menge kubanischer Zigarren
einführen darf. Verboten ist es, die Zigarren aus irgendeinem anderen Land als Kuba in die Vereinigten
Staaten zu bringen.

Wenn man dort nicht leben muß, hat die fortschrei-
tende Baufälligkeit in jedem Teil von Havanna fast ihren eigenen melancholischen Charme. Bei dem aku-
ten Wohnungsmangel wird jedes Gebäude, das die leiseste Chance hat, nicht auseinanderzufallen, als
Wohnraum genutzt. Hinter bröckelnden Fassaden, be-
hängt mit behelfsmäßig installierten elektrischen Lei-
tungen, in wackeligen Häusern, die schon lange reif
für den Bulldozer wären, führen die Kubaner unbeirr-
bar ein Familienleben in einer Art, die ihren Einfalls-
reichtum und ihre Zähigkeit beweist.

In den Straßen drängen sich gutaussehende, sau-
bere, hell gekleidete Menschen. Jeder Gebrauchsarti-
kel ist irgendwann knapp, für Wochen, Monate oder
sogar Jahre, aber irgendwie schaffen die Hausfrauen
es immer, an Seife zu kommen. »Den Kubanern die
Seife wegzunehmen, wäre Castros größte Torheit«, erzählte man mir. »Beinahe alles andere können sie ertragen, aber nimm ihnen die Seife weg, und das Regime würde stürzen!« Es scheint, daß das Leben erträglich ist, solange auf jedem Balkon die Wäschelei-
nen flattern.

Beladen mit Büchern und Taschen, begeben sich Kinder mit strahlenden Augen auf den Schulweg, sie tragen blitzsaubere Uniformen, die Farben ihrem Alter entsprechend, rot für Grundschüler, safrangelb für die Oberschule. Nie habe ich ein vernachlässigtes Kind gesehen, und hinter zerbrochenen Fensterläden, hinter gesprungenen Scheiben und schäbigen Gardinen ist der Mangel erträglich, wenn man einen sicheren Beruf hat, gute medizinische Versorgung und ausreichend zu essen. Überflüssiges gehört nicht zum Leben des Durchschnittskubaners in Havanna, aber die Sonne scheint die meiste Zeit, nachts weht eine sanfte Brise vom Meer, und man hört die Menschen lachen und schreien in der täglichen Geschäftigkeit des Lebens. Von den Eingängen und den Balkonen kommen der provozierende Rhythmus der kubanischen Musik und die Gesänge von Liebesleid. Es ist nichts Bedrükkendes an den Menschen, nur an der Art und Weise, wie sie leben müssen.

Straßenleben heute

Die improvisierten Unternehmen der Straßenverkäufer in Havanna sind der Beweis, daß der Kapitalismus auf Kuba nicht tot ist. Am Sonnabendmorgen drängen sich auf der großen Plaza in der Altstadt die Menschen und prüfen die verschiedensten Waren. Sie brauchen ein neues Bruchband? Hier ist es. Ein Schmuckstück, eine Kette, eine Tasche, ein Glücksspiel? Eine Hand Bananen, ein Foto von Ihnen? Es ist alles da, ausgestellt wie auf einer Wanderschau. Handwerker mit Holzschnitzereien oder Lederarbeiten drängeln sich neben Schwindlern und Ballonverkäufern; Touristen aus Ostblockländern machen Fotos von Dingen, die es bei ihnen zu Hause nicht gibt, und sie kehren ins Hotel zurück und staunen über den Elan ihrer kommunistischen Vettern. Kubanische Chuzpe ist in Havanna so wenig unterzukriegen wie in Miami.

Auf der Straße sind die Kubaner freundlich und gesprächig den Amerikanern gegenüber, die sie lieber zu mögen scheinen als die Russen. Wohin wir auch kamen, inoffiziell und unangekündigt, wurden wir von

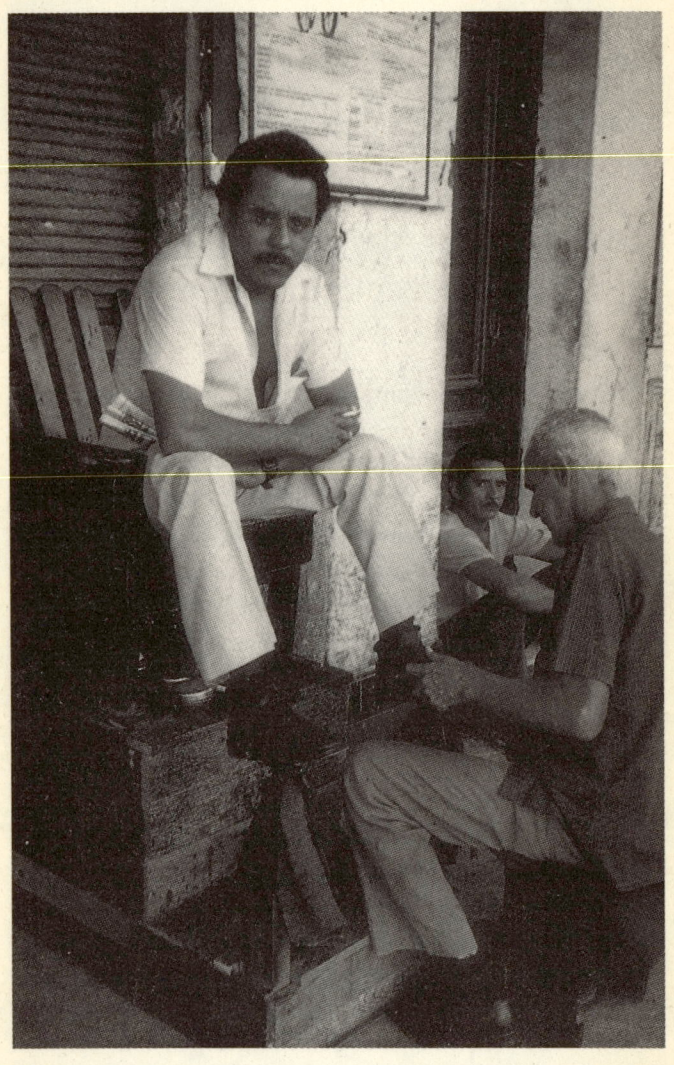

uns gänzlich fremden Menschen lächelnd und höflich begrüßt. Und am Ende unserer Reise hatten wir das Gefühl, Freunde zurückzulassen, die wir gern wiedersehen würden. Wir konnten durchaus nicht hinwegsehen über intolerante Äußerungen des Regimes, aber wir konnten deutlich die Freundlichkeit der vielen ganz normalen Kubaner spüren, denen wir in den sechs Tagen in Havanna begegneten.

Ich hatte immer wieder das Gefühl, daß die Kubaner ein ganz besonderer Menschenschlag sind, lebhaft, unternehmungslustig, von unglaublichem Elan, und die Regierungen mögen kommen und gehen, die Kubaner bleiben im Grunde dieselben.

Kubaner

In ethnischer Hinsicht ist die Karibik vielfältig wie keine andere Inselgruppe auf der Welt, und man spürt das beim Reisen. Die Vermischung von Kulturen aus fünf sehr unterschiedlichen europäischen Nationen, England, Spanien, Frankreich, Holland und Dänemark, dazu der afrikanische und, in geringerem Umfang, der indische Einfluß, schließlich die Urbevölkerung der Kariben und der Arawak – das hat im Laufe der Jahrhunderte zu großer Verschiedenartigkeit unter den Inselbewohnern geführt. Es gab einen gemeinsamen Nenner, das Zuckerrohr, jetzt gibt es einen anderen, den Tourismus, aber das ist es auch schon. Die Inseln gehen jede ihren eigenen Weg, gestützt auf ihre historische Erfahrung, sie scheinen unfähig, einen bedeutenden politischen oder wirtschaftlichen Verbund zu bilden, sie sind wie eine Flotte verschiedenartiger Schiffe, die über das Karibische Meer treiben.

Das bei weitem größte dieser »Schiffe« ist Kuba, und es unterscheidet sich stark von den anderen. Bei diesem kurzen Besuch wurde mir bewußt, wie viele

verschiedene Rassen hier zusammen leben, die Haut-
farbe reicht vom tiefen Schwarz bis zum blassesten
Weiß. Das allein unterscheidet Kuba noch nicht von
vielen der anderen Inseln der Karibik.

Es gibt einen ganz besonderen Unterschied: Kubaner scheinen nördliche Arbeitsethik und -energie mit
südlicher Lebensfreude verbinden zu können, und das
macht sie einzigartig. Wie das funktioniert, habe ich in
den vergangenen drei Jahren hier in Miami zu ermit-
teln versucht. Ich weiß nur, es ist da, und es ist beein-
druckend. Die folgenden Aufnahmen von Kubanern
in Havanna sprechen für sich selbst.

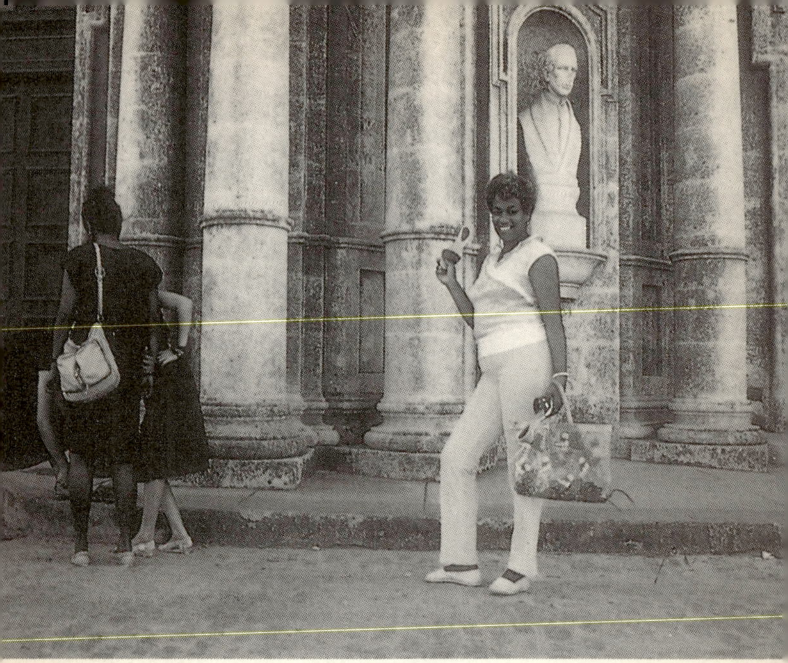

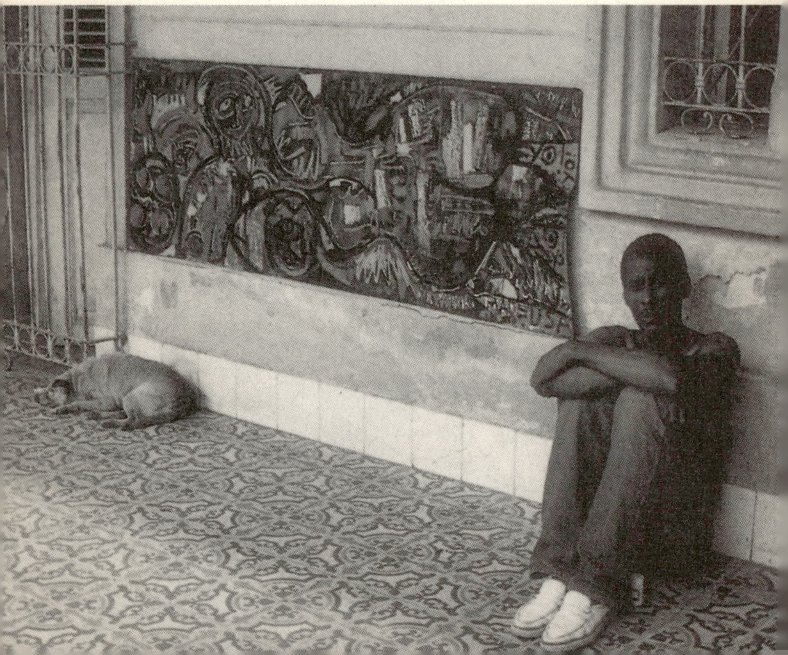

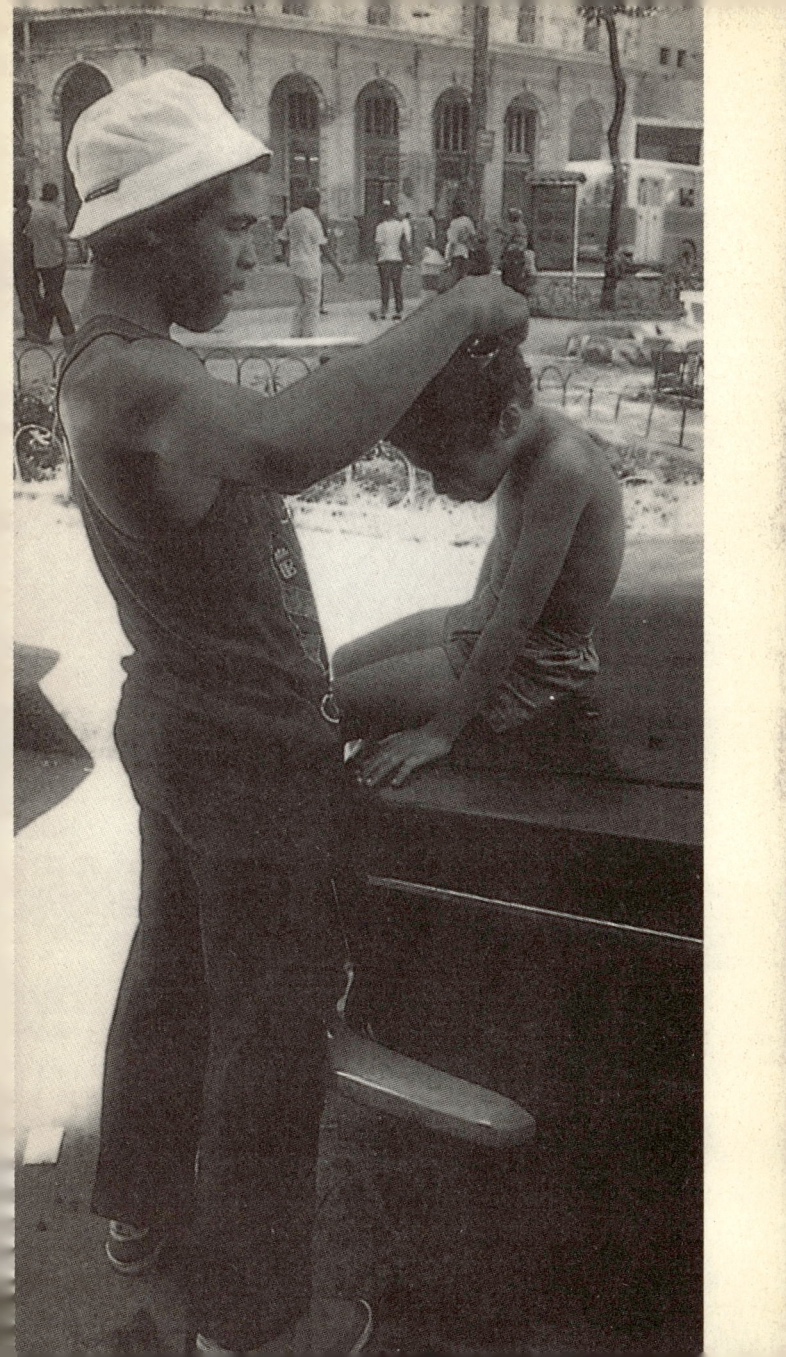

Amerika in Kuba

Die 90 Meilen Wasser, die Kuba von der Südspitze der Vereinigten Staaten trennen, bilden derzeit den tiefsten Graben der Welt, eine politische Kluft. Was ist nun mit Amerika heute in Kuba? Gibt es eine Präsenz, wie geheim oder subversiv auch immer? Die Antwort ist ein klares Ja, und die Anwesenheit ist offenbar. Die Menschen stehen Schlange, um einen amerikanischen Film zu sehen, aus jedem Park, von jedem Platz hört man das Geräusch des Baseballschlägers, die Telegrafenbüros der Western Union bieten ihre Dienste an, und es herrscht ein schmerzlich empfundener Mangel an Kaugummi. Die Glücklichen, die einen Fernsehapparat besitzen, können Fernsehsendungen aus Amerika empfangen. Am auffälligsten ist das Heer alter amerikanischer Wagen, die das Herz jedes Oldtimer-Fans erfreuen würden.

Es ist, als wäre die Zeit seit den fünfziger Jahren stehengeblieben, obwohl die Autos selbst alle Anzeichen von Verschleiß aufweisen. »Der Edsel da wäre in den USA Tausende von Dollars wert«, rief einer mei-

ner Begleiter, als ein paar von diesen klassischen
Modellen im Morgenverkehr vorbeirauschten. Und:
»Guck doch bloß, diese Heckflossen und all das
Chrom«, als ein herrliches Kapitalisten-Automobil an
der Verkehrsampel neben einem düster-grauen Lada
aus Rußland zu sehen war. Wer nicht auf diese oder
jene Weise einen der alten amerikanischen Schlitten
geerbt hat, hat sich wahrscheinlich für ein Motorrad
mit Beiwagen entschieden, in den dann zum Wochen-
endausflug die Familie hineingezwängt wird. Ja, Havanna ist eine Automobilausstellung mit unleugbar
amerikanischem Gepräge.

Gibt es irgendwelche amerikanischen Helden in Castros Kuba? Es fallen einem auf Anhieb zwei ein, einer Amerikaner im weiteren Sinne, der andere in vieler Hinsicht der wahre Amerikaner. Der erste ist José Canseco, der gebürtige Kubaner, der heute in Oakland Baseballstar ist. Jeder Amerikaner, der zu Besuch nach Kuba kommt, wird nach Canseco gefragt, Kinder rufen beim Baseballspielen seinen Namen, und er ist ihr Held, nicht nur weil er Kubaner ist, sondern zweifellos weil er den Yankees zeigt, wie das Spiel gespielt werden muß. In gewissem Sinn schlägt Canseco die Homeruns über den Graben hinweg.

Der andere Held, der geliebt, verehrt und dessen Andenken gepflegt wird, ist Ernest Hemingway. Es gibt ein Denkmal von ihm in dem Fischerdorf Cojimar, dem Schauplatz seines Romans *Der alte Mann und das Meer*. Er schrieb die drei ersten Kapitel von *Wem die Stunde schlägt* in seinem Arbeitszimmer im Hotel Ambos Mundos nahe der Altstadt von Havanna, und sein Haus, La Vigía, wird von der Castro-Regierung als Museum bewahrt.

Hemingway ist ein Amerikaner, mit dem sich Kubaner stolz und offen identifizieren. Niemand hat anti-amerikanische Slogans auf sein Denkmal gekritzelt, keiner die vergoldete Büste heruntergestürzt. Am Wochenende drängen sich kubanische Familien bei seinem Haus, um die Abenteuer ihres Helden nachzuleben, seine Bücher und Trophäen anzugucken, sein geliebtes Boot *Pilar* zu betrachten und auf dem weitläu-

figen Gelände des Landsitzes endlose Picknicks zu
veranstalten.

Die unausgesprochenen Verbindungen zwischen
den beiden Ländern sind zahlreich, nicht zuletzt bei
den Tausenden Familien, die Verwandte in den USA
haben. Verwandtschaft verbindet die beiden Länder,
wie der politische Konflikt sie noch immer voneinan-
der trennt.

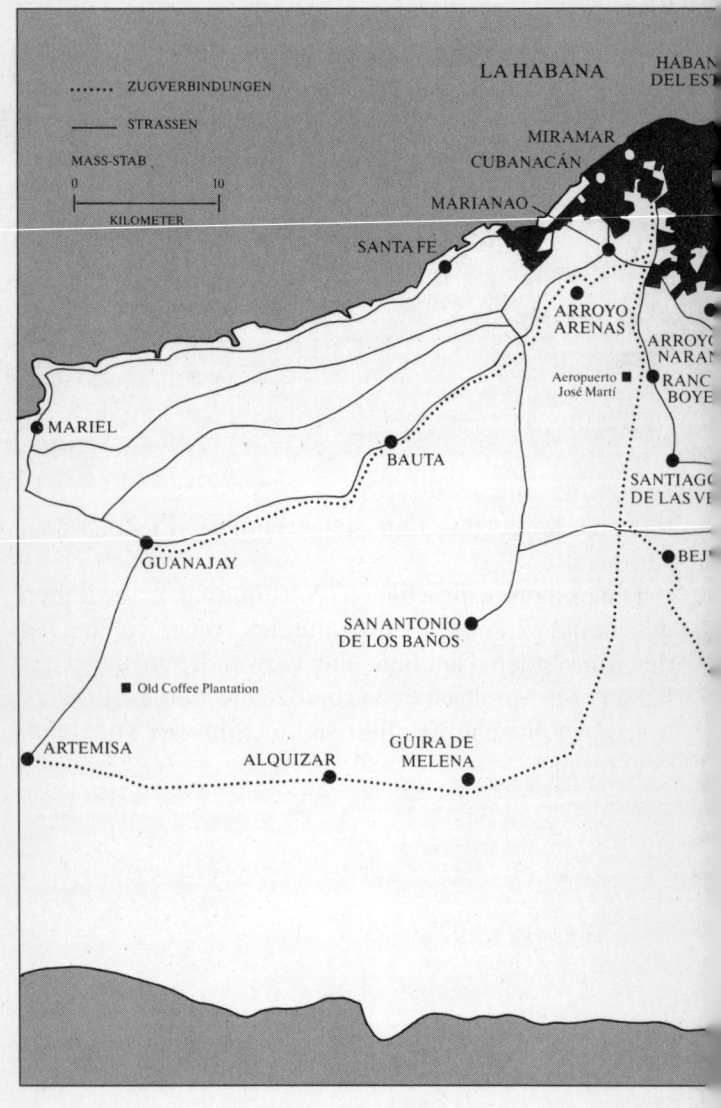

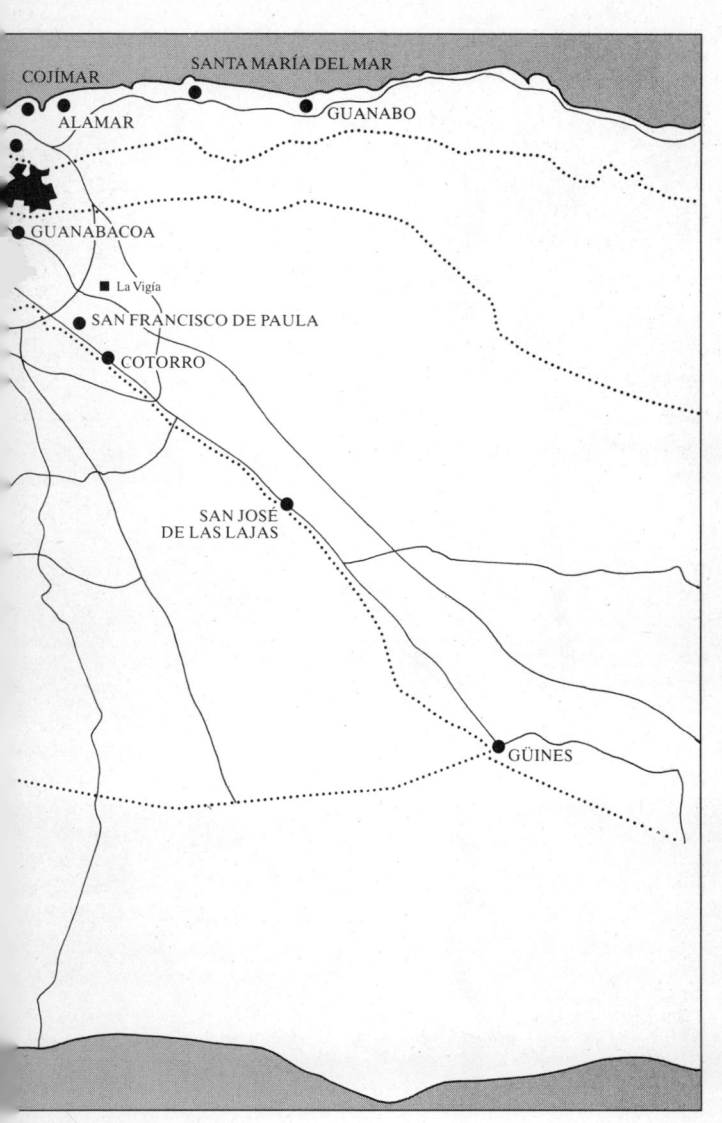

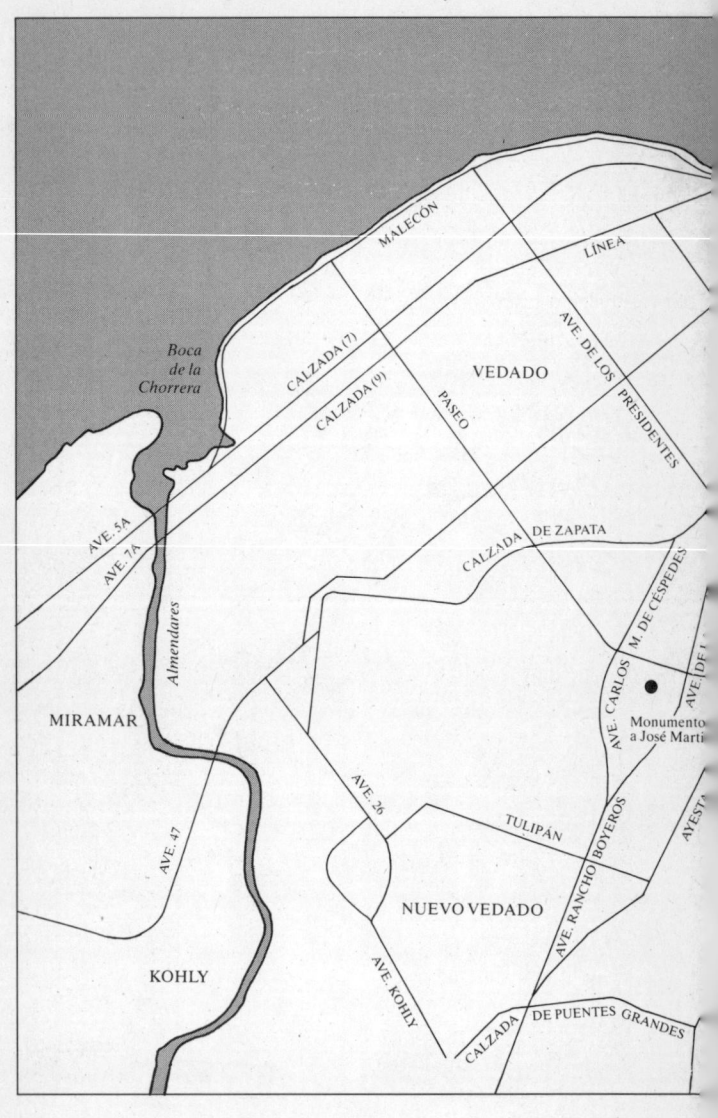

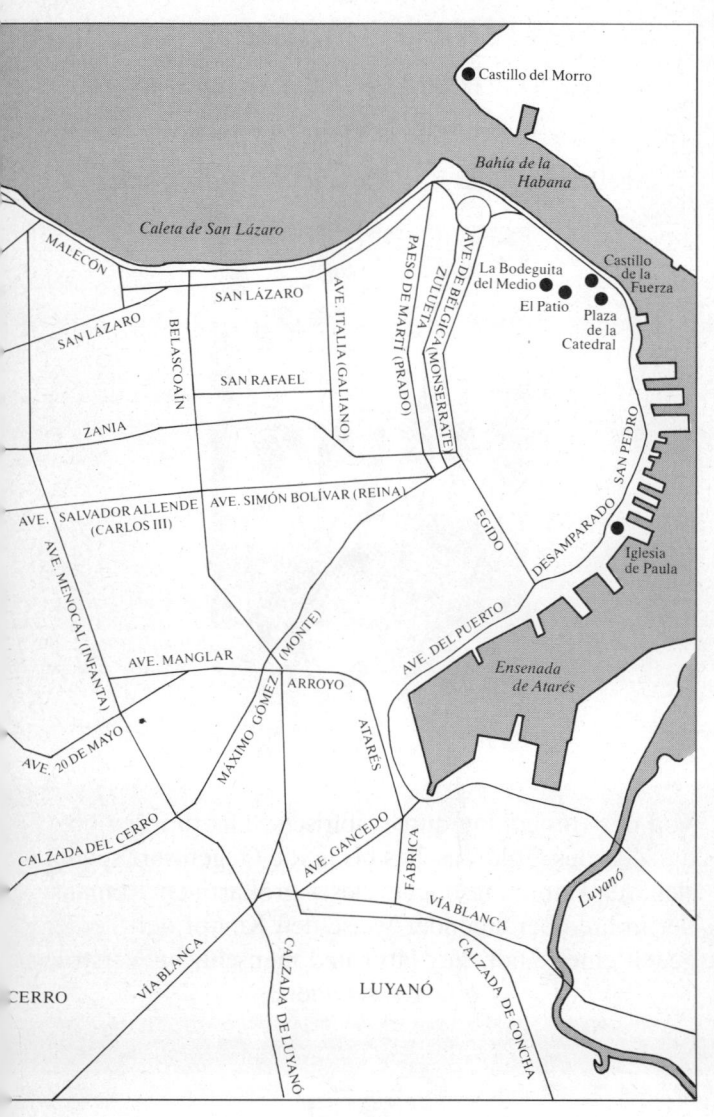

Castillo del Morro

Bahía de la
Habana

Caleta de San Lázaro

MALECÓN

SAN LÁZARO

La Bodeguita
del Medio

Castillo
de la
Fuerza

SAN LÁZARO

El Patio

Plaza
de la
Catedral

BELASCOAIN

SAN RAFAEL

AVE. ITALIA (GALIANO)

PASEO DE MARTÍ (PRADO)

ZULUETA

AVE. DE BÉLGICA (MONSERRATE)

ZANJA

SAN PEDRO

AVE. SALVADOR ALLENDE
(CARLOS III)

AVE. SIMÓN BOLÍVAR (REINA)

EGIDO

DESAMPARADO

Iglesia
de Paula

AVE. MENOCAL (INFANTA)

AVE. DEL PUERTO

AVE. MANGLAR

ARROYO

MÁXIMO GÓMEZ (MONTE)

ATARÉS

Ensenada
de Atarés

AVE. 20 DE MAYO

CALZADA DEL CERRO

AVE. GANCEDO

FÁBRICA

VÍA BLANCA

Luyanó

CERRO

VÍA BLANCA

CALZADA DE LUYANÓ

CALZADA DE CONCHA

LUYANÓ

Die Geschichte
eines faszinierenden Landes und seiner Siedler

Als Band mit der Bestellnummer 11810 erschien:

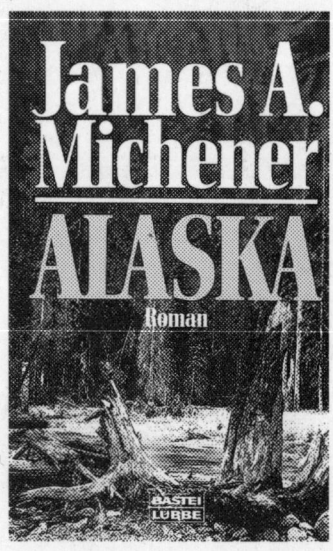

Von der Besiedlung durch sibirische Jägerhorden über
die Zeit des Goldrausches bis in die Gegenwart spannt
sich der Handlungsbogen dieses großartigen Romans,
der in atemberaubender Weise den Kampf der Siedler
gegen eine feindliche Natur und menschliche Verstrik-
kungen schildert.

BASTEI
LÜBBE